三分爱七分管

养育女孩手册

穆阳◎著

商务印书馆国际有限公司

三分爱七分管

名人专家谈

爱孩子就要引领孩子，爱孩子就要开发孩子，爱孩子就要激励孩子，爱孩子就要磨炼孩子！

——“知心姐姐” 卢 勤

我们现在如果对孩子没有一些控制、没有一些抑制、没有一些约束，而一味以爱的名义对他们让步的话，我们的教育其实不是爱的教育。

——百家讲坛《弟子规》主讲人 钱文忠

爱小孩就要给他合理的限制，因为子女所需要的有亲情，有爱情，有同情，但是，更重要的是父母的教导。

——台湾兴国管理学院首任院长 曾仕强

没有批评的教育、没有惩罚的教育，是“缺钙”的教育，是伪教育。

——著名教育专家 孙云晓

我们说，给孩子自由，并非意味着撒手不管。我们的孩子必须学会尊重他人，学会和其他人和平相处。因而我们做父母的，也要对孩子的行为进行规范。

——著名儿童教育专家 小 巫

很多孩子不是败在自己手里，而是败在家长手里。如果家长的管理理念不到位，在孩子身上施加的时间越多，对孩子构成的摧残也越大。

——著名教育专家 王金战

当下许多父母不当的教子方法，其实是由于虚荣和浮躁，孩子的问题往往是父母的问题。家庭教育的核心是关注孩子的幸福感，要倾听孩子的心声。

——《好妈妈胜过好老师》作者　尹建莉

我对孩子要求也很严格，但是这个严是严而有度，严而有格，不是说严得让孩子产生恐惧的那种严；孩子如果有不足或者是犯错了，该批评就批评，如果孩子有错误了，必须是严肃的批评，孩子才能产生效果。

——著名教育专家　东　子

对待孩子要严厉，但严厉的背后必须是爱，如果没有爱怎么打都是不管用的。

——新东方教育科技集团董事长　俞敏洪

在孩子成长的过程中，给他恰当的爱和管教是最重要的，那会让孩子拥有健康的人格特质：善良、勇敢、担当、诚实且正直。

——著名心理咨询专家　金韵蓉

不是孩子长不大，常常是老一辈不要他长大，你以为孩子需要你，其实可能是你离不开他。既然你活着的时候不放手，可能拖累孩子的脚步，你死了放了手，他们还是得面对自己的世界。

——著名励志作家　刘　墉

西式教育过于强调创意，排斥纪律、刻苦等旨在培养毅力的东西，中国教育过于强调后者而忽视前者。两种教育方式应达到一个理想的平衡状态。

——“虎妈”　蔡美儿

中外教育思想一览
——本书包含的重点教育思想概述

天才教育　卡尔·威特

决定孩子成长的重要因素是教育而非天赋，小孩刚出生的时候差别不大，孩子能否成为优秀的人，取决于父母能为孩子做些什么。称职的父母都懂得以自己特有的方式积极参与到孩子的整个成长过程中。

早期教育　蒙台梭利、铃木镇一

蒙台梭利认为，有些儿童之所以不能正常地成长，主要是因为受到成年人的压抑。教育必须尊重儿童内在的、潜在的力量，激发和促进儿童“内在潜力”的发挥。

铃木镇一认为，教育越早越好。学习应该是自出生的那天起，孩子的能力是后天培养的。只要不断努力，每个孩子都能够激发出潜能。

全面教育　苏霍姆林斯基

教育就是要把青少年培养成为全面和谐发展的人。教育就是要使“智育、体育、德育、劳动教育和审美教育相互渗透和相互交织在一起，呈现出统一的完整的过程”。

天性教育　卢梭

教育的责任是培养天性充分得到发展的“自然人”，教育必须顺应儿童的天性，尊重儿童的个性特点。儿童在 12 岁前要远离社会的不良影响，在各种活动中发展感官。

实践教育　多湖辉

父母要以一个实践者的心态来教育孩子，不仅要了解孩子独特的心理动态，而且应该针对不同孩子的个性，在实践中摸索了解教育孩子的方法。

自尊教育 伊丽莎白·哈特利·布鲁尔

教育是一种培养人的工作，教育的关键点在于培养孩子的自尊心，自尊教育的实质就是让孩子确立做人的尊严、肯定人的价值、让孩子学会做人。

实用主义教育 杜威

教育即生长，教育的价值在于充分自由地发展儿童的智慧和性格；教育即生活，教育是生活本身的一个过程，要把教育和儿童眼前的生活联系在一起，教会儿童适应眼前的生活环境。教育即经验的不断改造，从经验中学习。

人文教育 蒙田

教育要兼顾心智和身体，教育的目的是为了培养“绅士”，即身心和谐发展的“全”人。在教育过程中，孩子们学到知识重要的不是口头上说，而是行动上做。

后天教育 洛克

人的心灵如同白板，观念和知识都来自后天。一个人之所以会成为这样或那样，绝不是先天秉赋所决定的，而是后天教育的结果。

知行教育 陶行知

“生活即教育”，“社会即学校”，“教学合一”。生活是大众唯一的教育，教育的根本意义是生活之变化，教而不做，不能算是教；学而不做，不能算是学。教与学都要以做为中心。

通才教育 梅贻琦

“教书”“育人”并重，培养具有知识与德性双重规定性的“通才”。以健全完整的人格统辖完整的知识和文化，把知识教育作为人格发展和陶冶的重要途径。

爱是“健康的铁”
管是“强壮的钙”
爱管结合培养完美女孩

序言

羊妈 + 虎妈 = 好妈妈

生孩子容易，养孩子难。现在养一个孩子比以前养几个孩子更费力更费心。

“独时代”“富时代”的到来，“4+2+1”家庭模式的普遍存在，使孩子越来越成为家庭的中心。从孩子来到这个世上，父母就尽其所能给他最好的东西，吃讲究档次，穿讲究品牌，住要最好，行必有陪。同时，还给予孩子富足的爱，爸爸、妈妈、爷爷、奶奶、外公、外婆，六个大人围着这个“小王子”、“小公主”转，未来的希望都寄托在这棵独苗身上，希望孩子以后能成龙成凤。

众星拱月般养着，却养出了“问题孩子”。“问题孩子”的突出特征是性格、能力、情感等存在明显的成长缺陷，可概括为“八大个性脸谱”——孤独、恋物、自私、叛逆、冷漠、敏感、自恋、迷茫。问题出在孩子身上，根子长在家长身上！

一个重要的根源是家庭给予孩子的爱太多了，使孩子“爱中毒”了。父母的关爱、疼爱、溺爱太泛滥了，让孩子无法锻炼独立生活的自理能力，不能形成应付现实的适应能力，难以增强抵抗压力的承受能力。

到底该怎么爱孩子、怎样教育孩子、怎样做父母呢？

“虎妈”PK“羊妈”

越来越多的中国父母开始反思、抛弃中国传统的教育思想，将目光投向海外，向西方国家寻求先进科学的教育理念和方法。但有趣的是，美国总统奥巴马在2010年9月14日发表总统开学演讲时表示：为提升未来的竞争力，美国需要学习中国的传统教育理念。奥巴马的倡议在一定程度上暴露了西方国家的爱的教育、自由教育等理念和方法也存在着难以消除的缺陷问题。

无独有偶，不久后，一本由美籍华裔教授蔡美儿写的《虎妈的战歌》在美国出版，"中国妈妈（虎妈）战胜美国妈妈（羊妈）"的说法一时喧哗，一场关于"虎妈PK羊妈"的大争论像一颗教育"原子弹"在美国爆炸，并迅速波及中国，在国内引起激烈讨论。

"虎妈"就是要严格管教，"羊妈"就是要孩子自由成长。中国父母大多采用"虎妈"的教育方式，培养出了有名的"钢琴王子"郎朗；西方父母则多用"羊妈"的教育方式，培养了比尔·盖茨等财富精英。

无论是欧美国家的"羊妈"教育，还是中国传统的"虎妈"教育，都已不能以单一的形式满足时代的教育需求了，只有将西方"羊妈""爱"的教育方式与中国"虎妈""严管"的教育方式相结合，才能真正培养出优秀的孩子。

养育孩子，需要找到爱与管教的一个"结合点"。

培养孩子是"爱的艺术"

做父母的很少有不爱孩子的。但是，怎样才是真爱孩子？大多数父母不知道。现在的普遍方式是：物质上无微不至，功课上步步紧逼，精神上麻木不仁。这样做不是爱孩子，而是在害孩子。

爱孩子是要让孩子吃得健康、穿得舒服，量力而行，适可而止，不是竭尽全力，甚至力不从心地满足他在物质上的过分要求。物质上的富养眼前是爱，将来是害。

爱孩子是给孩子一个好身体好体魄，让孩子多运动、多劳动，从小拥有结结实实的身体，长大才能轰轰烈烈地做事。

爱孩子是舍得花时间和孩子玩游戏、闲谈，共度欢乐时光，让孩子经常享受到活生生的亲情，努力让孩子有一个快乐幸福的童年。

爱孩子是要尊重孩子，把孩子看做一个有独立人格的个体。而且，在孩子幼小时就应该这样。尊重孩子的最高境界是成为孩子的知心朋友。在这一点上，中国家长要做到很难，一面是孩子的主子、上司，另一面是孩子的奴仆、下属，始终找不到和孩子平等相处的位置。

爱孩子是尽力抵制应试教育体制的危害，保护孩子天性和智力的健康发展。不给或少给孩子报课外补习班、辅导班、特长班、提高班。孩子的课余时间已经非常有限，绝不能再侵占他的休息、玩耍和课外阅读的时间，要捍卫他的健康、快乐。

爱孩子是要包容孩子，允许孩子失败，允许孩子犯错误。偶尔一次的成绩不好，偶尔犯些小错误，要学会包容孩子，帮助孩子分析问题，找出根源，走出失败的阴影。

爱孩子是要呵护孩子的心灵，肯定孩子、赞美孩子、激励孩子；要关注孩子的情绪变化，教孩子学会摆脱抑郁、愤怒、浮躁、嫉妒等不良情绪；使孩子将来既能自己去争取幸福，又能承受人生必经的苦难。

只有这样，对孩子的爱才会爱得其所，爱得有效。

培养孩子更是“管教的艺术”

管教孩子，不是教条式的训话，不是严苛的体罚，也不是凶狠的暴力；管教是恰到好处的引导，是科学合理的培养，是出于爱又超越爱的塑造，目的只有一个——给他立下做人做事的基本规矩，约束他错误、危险的言行，塑造他必备的优秀品格，最终让他沿着正确的方向茁壮成长。

当孩子任性、屡提不合理要求、屡屡无理取闹时，父母就要管教他，让他认识到自己要求的不合理，体会到父母的辛苦，凡事要考虑别人的感受，适可而止。

当孩子盲目攀比、炫耀、拼爹，一心想着走捷径时，就要警告他不劳而获的代价，引导他凡事要努力，培养自己的能力，树立拼搏的精神，养成吃苦耐劳的品格。。

当孩子故意撒谎，故意欺瞒大人，混淆是非，就要巧妙引导他，教他要诚实做人，培养他诚信的优良品质。

当孩子染上不良嗜好，比如吸毒，加入不良团体等，屡劝不改，苦口婆心仍无济于事时，就要严厉警告他改掉坏毛病，适当采取一些严格的管教措施，让他远离危险。

当孩子厌学、逃学、不做作业、不会安排学习计划、学习成绩直线下降时，父母要管教他，激发他对学习的兴趣，开发他学习的潜力，指导他做学习规划。

当孩子成日沉迷于网络、早恋，破罐子破摔时，就要限制他的上网时间，引导他走出早恋的魔圈，奋发向上。

当孩子悲观厌世、自卑抑郁、胆小内向、依赖性特别强时，父母要帮他塑造一个好性格，培养他积极乐观的心态，养成独立的性格，战胜懦弱，形成正确的人生观。

当孩子自闭，沉溺在自己的小天地里，不喜欢交流，不喜欢与人交往，没有知心朋友时，父母要教育孩子走出封闭的个人世界，传授他与人相处的社交能力。

当孩子挑食厌食、做事虎头蛇尾、花钱大手大脚时，父母要纠正孩子不良的饮食习惯，培养孩子持之以恒的耐力，养成勤俭节约的习惯……

爱是感性的，管教是理性的。爱可以有声，爱可以无形；管教要有尺度，管教需要技巧。爱三分，管七分，爱管相济，才能培养优秀的孩子。

正如广东省委书记汪洋在接受小记者采访时说："'虎妈'就是要严格管教，'羊妈'就是要孩子宽松自由成长。'虎妈'、'羊妈'各有所长，我觉得应该相互借鉴。亚洲国家大多采取'虎妈'的教育方式，西方国家则多用'羊妈'的教育方式。在全球化的历史条件下，信息来源复杂，思想越来越多元化，完全采取'虎妈'的教育方式是有问题的，不能完全按照传统的教育方式来教育孩子。我们应该吸取西方的先进教育方法，结合中国的传统教育方法，形成中国特色和西方气息兼备的教育方法。"

"虎妈虎爸"、"羊妈羊爸"各有优势，把两者优势结合起来，在爱与管教中求得平衡，让孩子得到最恰当的教育，才是最合格的父母。

目录

第一章 自我反思——你对女孩是否溺爱过度

第二章 多些尊重——爱让女孩身心健康成长

第三章 深层沟通——拆掉两代人的“隔心墙”

第四章 奖罚分明——激发女孩的上进心

第五章 善用赞美——好女孩都是夸出来的

第六章 批评有方——善意批评让女孩变得更优秀

第七章 富养女孩——打造心性高洁的淑女

第八章 适度圈养——教女孩学会自我保护

第十二章 美德教育——教给女孩一个好品德

第十三章 能力培养——传授女孩学会独立的技能

第十四章 习惯养成——调教出女孩好习惯

第十五章 智慧启迪——让女孩成为“学习达人”

第十六章 “问题女孩”——管女孩要趁早

第一章

自我反思——你对女孩是否溺爱过度

教育女孩不是一件简单的事情，

如果单凭父母的主观意愿和传统教育方法，

是很容易走进教育盲区的：

事事操办的“护犊式教育”，只会让女孩依赖性更强；

“隔代溺爱”，只会让女孩与父母的隔阂越来越深；

过分迁就女孩的过错，只会让女孩一错再错；

……

第❶招

不过分护犊，培养独立女孩

父母是女孩生命的创造者和给予者，在女孩的生活中扮演着老师、指引者、榜样、精神导师、保护者等重要角色，但现如今人们却发现这样一种奇怪的现象：父母对女孩越来越好，女孩对自己的父母却越来越厌烦。这中间究竟哪个环节出了错？到底是女孩“不知好歹”，还是父母的教育有误？

其实，问题皆出在父母们的“护犊式教育”上，正因为父母们对女孩时时操心、事事操办，给她们制定许许多多要求、纪律，才导致女孩们觉得“透不过气”。的确，在这种“高强度”的保护下，女孩们怎么能迈出自己的步子，去选择自己想要的人生呢！

一天，5 岁的梅梅和几个小朋友在外边玩，几个孩子的妈妈在一旁聊天。突然，梅梅被 7 岁的小伙伴月月推倒在地，大哭起来。梅梅妈妈看到后十分生气，便不管三七二十一劈头盖脸地骂了月月一顿，甚至还推了月月一下。月月的妈妈看见后又心疼又生气，于是和梅梅妈妈理论。结果，两人当着孩子的面越吵越凶，周围邻居怎么劝说她们都不听，并且两人很快厮打起来，甚至还各自喊来老公帮忙。无奈之下，邻居们只好赶紧拨打 110 报警，让警察来解决。

上述情况在现实生活中时有发生。两个女孩因为小事打闹，但双方家长都有严重的“护犊”思想，最后让这种鸡毛蒜皮的小事演变成需要警察来处理的“大事”。

女孩今后需要走的路很长，家长的“保护之伞”又能撑到多久呢？如果这种“爱”让你失去了是非观、科学教育观，那你带给女孩的将不再是保护，而是一种折磨，是一种毁灭性的伤害。

当然，这种“护犊之情”本无可厚非，但你一定要注意方法，把握分寸，这样才是对女孩真正的关爱，才有利于她的健康成长。反之，若“护犊”失去了原则，越过了“护”的底线，将严重阻碍女孩身心的健康发展。

那么，父母们怎样才能在“保护”和“不伤害”女孩之间做到最好呢？

方法一：辨别是非，护犊要有度

一位幼儿园老师曾在自己的网络日志上写过这样一篇文章：

我遇到过这样一位女孩家长。一天，她气势汹汹地来班里教训一个孩子，吵嚷着说这孩子把她女儿的门牙打得快掉了。事后经我调查，发现那个“打”她女儿的孩子那天刚好请假没来幼儿园，几天后掉落的门牙也说明她女儿是因为要换牙了才导致牙齿松动的。但这位妈妈不分青红皂白的行为让她女儿开始在班里横行霸道，稍有不如意，这个女孩就对其他小朋友拳打脚踢，还威胁别人：“你不给我玩具，我就让我妈妈来骂你、打你！”这使得其他小朋友都不愿和她玩，渐渐地，她被大家孤立了。

这位小女孩的妈妈可能做梦都没想到，自己以为爱女孩、保护女儿的行为，最后让女孩在班里不受欢迎，女孩因此失去了与同伴游戏的快乐。因此，父母不能一味迁就、娇惯女孩，正确的做法是放开你的手，让女孩自己去生活，也不要总认为“我家孩子没有错”，你应该辨别是非，让女孩从小就知道什么是对什么是错，哪些事情可以做哪些事情不能做，教育她做个文明懂理的人。

方法二：注重培养女孩的自理能力

父母过度的“护犊式教育”很容易让女孩失去应有的自理能力和独立性格，让其变得对父母的依赖性过强，这对女孩的人生将产生不良的影响。

心雨是一个很有天赋的女孩，从小就聪明伶俐，学习成绩在班中名列前茅。为了让女儿心无旁骛地学习，妈妈甘愿成为心雨的“后勤部长”和“陪读保姆”，包揽了她生活中的一切事情，因此，心雨从小就“十指不沾阳春水，一心只读圣贤书”。后来，心雨考进了一所名牌大学，由于自理能力和自学能力比较差，已习惯妈妈在身边的心雨根本不知道如何打理自己的生活，最终，她只好中断了自己的学业。

教育专家认为，父母为女孩做太多的事情，会严重影响她的自理能力和独立意识。因此，如果你爱女孩，就不要把她的一切都安排得妥妥当当。做个“护犊有道”的家长吧！丢掉无原则的护犊思想，把培养女孩的自理能力和独立意识放在首要位置，这样，你才算一位真正合格的家长。

专家给父母的
管教课堂

英国教育家伊丽莎白·哈特利·布鲁尔表示，父母不应该凡事都替孩子做主，而应这样做：

1. 多征询女孩对事情的看法。

2. 认真考虑你真正在意什么，并要意识到：当你的女儿坚持其独立性之时，很可能将目标指向你所在意的那些事物。

3. 如果你将自己的看法和价值观强加于孩子，那么孩子往往会拒绝接受，因此你要学会信任和放手。

第2招

拿开"隔代溺爱"的保护伞

彤彤爸爸说起自己的女儿时，总是一脸无奈：

现在，我们一家三口和父母住在一起，女儿读小学二年级，学校离我们家很近。但我的父母还是坚持每天都去接送，路上还帮女儿背书包、拿水。有时，我教育女儿要独立时，父亲却不允许，他担心女儿在上学途中发生意外，非要接送。

有一次，我下班回家，竟看见女儿把剩饭菜硬倒给父亲吃，我立即喝斥，但女儿却满不在乎地说："爷爷一直都喜欢吃我的剩饭啊！他说他是'饭桶'，剩下的都归他收拾！"痛心疾首的我怒从心起，一巴掌扇得女儿号啕大哭。这时，父亲出面打圆场："孩子还小，不懂事，算了！"我看父亲一直护着女儿，就责怪他太娇惯孩子，没想到却惹怒了老人："我帮你辛辛苦苦带孩子，你还嫌我！行，你能耐，我走！"我担心真气着老人家，马上被迫"服软"，没办法，我总不能对父亲不敬，但看着女儿被长辈这样溺爱和纵容，我担心极了！

上述案例中的情况就是典型的"隔代溺爱"现象，也是现在很多年轻父母最头痛的问题。其实，"隔代亲"是中国一种普遍的家庭现象，隔代教育也因教育观念、时代差异、表达方式等不同而出现各种矛盾。所以，父母如何改善这种"隔代溺爱"的现状，并进而使女孩身心更为健康地成长就显得非常重要。具体教育方法可以参考以下几点：

方法一：撤走女孩的“保护伞”

幼儿园门前挤满了前来接孩子放学的家长，上大班的小雪刚和老师道别，就蹦蹦跳跳地跑到了奶奶跟前，脱下粉红色小书包递给老人。老人顺手就将书包背在自己肩膀上，准备拉着小雪的手回家，小雪却飞快地跑到前边去了。奶奶在后边一边追，一边着急地说：“哎呦，我的小祖宗，你跑慢点，别摔着！鞋带开了！”小雪停了下来，然后转过头对奶奶说：“你给我系。”只见老人吃力地弯下腰，半蹲着给孙女把鞋带系好，然后扶着自己的腿慢慢站起来。鞋带系好后，奶奶赶紧抓住小雪的手向家的方向走去……

这就是老人经常对待孩子的情景！他们对孩子的疼爱和娇宠已经到了放弃原则、放弃守信的地步，而这也无疑会破坏父母教育孩子的所有劳动成果。因此，如果你已经给孩子制定了家庭规则，那就要和老人达成协议，绝不能让老人以溺爱来表明他们对晚辈的爱。而一旦你撤走了女孩头上的老人的“保护伞”，那么你的教育方法的实践效果就会大大提高，女孩也才会更加健康地成长。

方法二：不剥夺女孩的独立

现在很多年轻父母把女孩交给老人带，一方面是因为自己工作忙碌，无暇照料和教育女孩；另一方面是担心社会治安不好，认为孩子如果不在大人的保护圈内是无法安全的。

对此，教育专家认为，这样很容易导致女孩过分依赖家庭和长辈，人际交往能力下降，还很容易导致其产生自卑、怯弱心理。因此，父母们要让女孩拥有属于自己的生活圈子，应建议老人给孩子一些和同龄人在一起的时间，可以请老人带孩子去少年宫、博物馆等有益于开阔孩子眼界、让孩子接触到其他同伴的地方。另外，平时要让孩子在家里做一些力所能及的事情，让她学着自己收拾房间、自己穿衣吃饭、自己上学回家，老人不要一直紧贴在孩子身边，要教会她如何保护自己、如何正确对待不同的人，这才是最正确的教育方式。

方法三：多些时间和女孩在一起

“隔代溺爱”现象为什么在中国这样司空见惯？那是因为父母和孩子在一起的时间越短，老人和孩子在一起的时间就越长，而天生的“舐犊情深”让老人就更为溺爱孩子。

所以要想减缓或断绝“隔代溺爱”的现状，女孩父母们就要尽量多陪陪孩子，这样才能更充分地去了解和解决孩子生活、学习等各方面的问题。

专家给父母的管教课堂

“隔代教育”如今很普遍，那么如何才能让其发挥最大效用呢？“知心姐姐”卢勤给出以下几点建议，供父母们参考。

1. 对待女孩的问题，父母和长辈应让孩子自己去面对，不要互相挑对方的毛病。

2. 父母可以试着把长辈托给女孩，让女孩去照顾老人，以培养其责任心。

3. 无论何时，全家都要保持快乐、融洽的气氛。

第3招

适时恰当地满足女孩的要求

生活中常会出现这种画面：妈妈正在厨房急着做饭，但女孩却在这个节骨眼上要求不断："妈妈，我要吃冰激凌，现在就去买！""妈妈，快给我调到动画台！""妈妈，我现在就要去楼下玩！"妈妈希望女儿"等一等"，但是孩子却说："不，我现在就要！"

小孩子就是这样，在她们看来自己的事情就是最着急的，父母应即时满足她们的任何要求。但很多时候，父母必须要教会女孩"等一等"，因为你的"有求必应"，会让女孩"永不知足"。

下面两个场景是否也发生在你身上呢：

场景一：女孩要吃冰激凌，妈妈听到宝贝女儿要吃冷饮，立即顶着烤人的大太阳出门去买；

场景二：泉泉羡慕表妹有一个新的洋娃娃，也非得要一个，心疼女儿的爸爸也不管女儿早已有了很多洋娃娃，还是去商场为泉泉买了个新的洋娃娃。

看吧！这就是为什么女孩能这么"心安理得"地不断要求父母做任何事，因为父母是那么"即时满足"她们。当一个孩子所有的要求都能最快最轻而易举地得到满足，那么她根本不会明白什么是珍惜，什么是努力，也不会理解父母的辛苦，她只是理所当然地想着"我还要这个，我还要那个"。因此，父母适时引导女孩学会有效的忍耐和等待，对她们日后的人生大有益处。

方法一：对女孩进行一些“延迟满足”的训练

一位美国心理学家做过这样一个实验：

他随意选取了一所小学的一个班级，并且让老师把这个班的学生带到一间很大的空房里。几分钟后，一个陌生的男子走了进来。他一边给孩子们每人都发了一粒包装精美的糖果，一边对他们说：“这个糖果已经属于你，你可以随时把它吃掉，但如果你能等到我回来再吃，我就会再给你一粒糖作为奖励。”说完，他和老师一同离开了。

时间就是对这些孩子们最大的折磨，而手里的糖果就是对他们最大的诱惑。两分钟后，就有一个孩子吃掉了手里的糖果，并且发出满足的声音。接着，越来越多的孩子忍受不住诱惑吃了起来。30分钟后，那个人还没回来，但仍有一半以上的孩子在千方百计地控制着自己，直到50分钟后，那个陌生人回来了。自然，那些付出等待的孩子得到了应有的奖励。

后来，心理学家跟踪调查这些孩子20年，并且发现能够“延迟满足”的孩子，学习成绩普遍比那些熬不住的孩子要高出很多，而且参加工作后，他们坚韧、勇敢、有耐心、抗挫折能力强，更容易走出困境，获得成功。

所以，父母如果能够教会女孩学会克制自己的欲望，不要被眼前的、暂时的东西诱惑，她就会得到更多东西。

平时在日常生活小事上，你就可以为女孩增加一些“延迟满足”的训练，比如：女孩要吃零食，你可在保证她三餐吃饱的前提下，让女孩完成一个“任务”——讲故事、学小本领、做家务等，然后给她零食；女孩想买一个新玩具，你可以建议等到节日或她生日时再买给她；女孩碰到不会做的事时，你不要立即帮助她，要观察问题出在哪儿、教孩子如何自己处理事情，等等。

方法二：用“代币法”来应对女孩要求

“代币法”是父母应对女孩提出“要求”的最有效的教育方法之

一。等女孩年龄稍大一点时，父母和孩子之间就可以“订约”，例如女孩想要买新衣服或新玩具，就可以用平时自己表现好的时候获得的“奖励”——“五角星”来进行交换，一般要在女孩积累到5次或10次后才可以满足她的需要。

另外，父母要注意在答应孩子要求的这个过程中，你还要做好以下几点：

（1）订立奖励内容统一标准，坚守原则。

（2）按照女孩的实际能力来制订，让孩子完成的“任务”不要“假大空”。

（3）父母要说到做到，不要“违约”。

专家给父母的
管教课堂

面对女孩越来越多的要求，父母如何应对呢？意大利儿童教育家蒙台梭利给出了这样的答案：

1. 父母要学会事先预防，根据经验猜测哪些事物会导致孩子激动起来，并提前做好相应的准备。

2. 学会适应满足孩子的要求，但不以许诺和“贿赂”的方式来诱导孩子。

3. 学会巧妙地转移孩子的注意力。

第❹招

不要过分迁就女孩的过错

一位母亲在教子课堂上这样谈起自己的女儿：

4年前，我和孩子的爸爸因感情不和离婚了，9岁的女儿一直跟着我生活。我自觉没能给孩子一个完整的家庭、没能给孩子更多的爱与温暖，所以内心非常愧疚的我比原来更加宠爱孩子，甚至无限度地满足孩子。女儿的任何有理、无理的要求，像从最初去游乐场玩，到买昂贵的动漫书等等，我通通“开绿灯”。

女儿从小就没有被拒绝过，而且随着年龄的增长要求也越来越多。直到有一天，我已经无法凭自己的能力去满足女儿的要求。没想到孩子却想不通，她认为我不爱她了，竟然大发脾气，把家里的瓷瓶打碎了，最后竟以自杀威胁我。

女儿还是个13岁的孩子，可她竟然学会了抽烟、打架、喝酒，不过即使这样我也不忍心管教孩子，这都是我的错，也许当初不该离婚……

心理专家认为，小女孩之所以会变成这样，和父母过度顺从其要求和过度迁就其过错分不开。如果在女孩幼年阶段父母没有告诉她什么事是对的，什么事是错的，哪些事应该做，哪些事不能做，那么小孩子很容易混淆是非黑白，最终走上一条错误的人生之路。

例如女孩为了买零食撒谎了，你觉得这没什么，于是听之任之或者敷衍应对，那么这样的处理方式会让孩子觉得“撒谎没什么”，“下次我还可以这样”，“这样做，我能得到想要的”……等到她慢慢长大，“撒谎”也成了她甩都甩不掉的人生包袱，势必影响她的生活。

那么，面对犯错的女孩，父母应该选择怎么做呢？是无止境地迁就，还是过度地惩罚？下面就给父母们提供几种方法：

方法一：在女孩的错误面前，父母要坚守自己的原则

一位母亲讲述了一件发生在她和女儿之间关于“原则”的事：

一天早上，女儿上学时忘了带作业本，为了按时交作业，女儿就给我打电话，让我给她去送作业本。但是我说：“我不能去送，你最好自己回来拿。”女儿开始感到很失望，说我对她不负责任，但我仍坚持这么做。

然后，我把女儿的作业本放在门口，开始做自己的事情。女儿回到家里，脸色很难看。她很生气，希望我打车送她回学校。不过，我根本不理会她的挑衅，只若无其事地说：“妈妈忙着呢，你现在先回学校交作业。我们以后再讨论这件事。”

放学后，我知道女儿已不生气了，便耐心地听女儿诉说她在同学和老师面前感到很难堪，因为我不去送作业本，她还得回来拿。我对女儿说：“你知道吗？妈妈很爱你，但妈妈这样做，完全是为你好！”接下来，我给女儿分析她为什么忘了带作业，完全是由于马虎大意造成的。我告诉她，自己犯了错，就应自己承担后果。如果不亲身体验，不会领悟到其中的道理，下次还会犯同样的错误。讲明是非曲直后，我和女儿愉快地“和解”了。

父母对女孩的爱应该是智慧的爱，应该是让女孩在体验中感悟、反思、成长。无论你在教育孩子的过程中使用哪种教育方法，都应坚持自己的原则，不能对女孩娇生惯养，要以关怀为起点，以尊重为核心，以信任为基石，以理解为基础，以严格要求为原则，这样的爱才是对女孩最正确、最有益的爱。

方法二：父母应给犯错女孩“补补课”

女孩成长过程中总会犯各种各样的大错小错，小的过错，如打碎一个玻璃杯、刮花爸爸的车子、弄脏妈妈的新衣服等；大的过错，如撒谎、打架等等。面对这些过错，父母除了不能过分迁就和放任孩子外，还应该给女孩补补“课”。这些课程包括，让女孩学会如何处理自己的过错，如何管理自己的情绪，如何学会接受“被拒绝”等等。这些都会帮助女孩科学、有效地度过“犯错”这一关，继而走上正确的道路。

专家给父母的
管教课堂

英国教育家伊丽莎白·哈特利·布鲁尔认为，父母应试图纠正女儿的过错，而不是过分迁就，对此，她为父母们提出的建议是：

1. 揭示问题，并将问题归类，凡事都要事出有因。

2. 不要让女孩认为自己“无用”或“一无是处”，让她学会承担责任。

3. 问问女孩她认为问题出在哪里，多听听她的意见和看法。

第5招

适度放手，让女孩远离“蛋壳心理”

适宜的温度、适宜的出生环境和适当的时间，这些是孵小鸡的必备条件，一旦条件成熟，小鸡就会啄破蛋壳出来，这样它才能长大。倘若蛋壳过硬，小鸡就有可能被闷死在鸡蛋壳里，倘若蛋壳过软，它会很容易受到侵害。父母对女孩的关爱和呵护就像这层蛋壳一样，如果软硬不适宜，很容易造成女孩不健康的“蛋壳心理”。

什么是“蛋壳心理”呢？女孩只爱听表扬，不爱听批评；敏感多疑，外表高傲，内心脆弱；凡事只能赢不能输，经受不了失败的打击；抗挫折能力极差，容易走极端……这些都统称为“蛋壳心理”，其本质就是极度脆弱，而且这种心理带给女孩的伤害很严重。下面就是因为女孩的“蛋壳心理”而发生的真实事件：

晶晶是独生子女，从她出生那刻起，家人就开始无微不至地呵护她、关爱她，视她为掌上明珠。因为家庭经济条件好，凡是晶晶想要的东西，爸爸妈妈和爷爷奶奶都会无条件地满足，从来不让她受一点委屈。

上学后，晶晶也很争气，每次期末考试都会捧回大红奖状，邻里亲朋都羡慕晶晶父母有个好女儿，班里同学也愿意和学习好的晶晶玩。可上了重点高中之后，学校里都是来自各区的优秀学生，她的竞争压力一下大了很多。因为身边的同学都非常优秀，晶晶忽然发现自己从前的优越感全没了。在课堂上，晶晶不知道怎么解决的问题，总有其他同学似乎不假思索就能说出答案；任课老师也不像小学一样，目光在晶晶身上停留的时间少多了；第一学期的班干部选举，晶晶也落选了；数学课上，老师让她回答问题，她却答错了……

所有的一切都让晶晶开始怀疑自己的能力，她觉得就算自己再努力也比不过别人，她甚至觉得自己再也没有脸面见父母了。于是，在一个昏黄的午后，她选择了跳河自尽。幸亏有人路过，及时发现并救起了她。

出现这种情况，是因为晶晶的“蛋壳心理”在作祟。晶晶的父母对她非常娇惯，自从出生到上高中，她就一直活在优越感和赞美声里，所以到了高中，她受不了自己的学习比别人差，见不得别人比自己更优越。这种强大的反差，最后竟让她不堪重负，走向绝路。那么面对女孩的“蛋壳心理”，父母们怎么做才对呢?

方法一：父母不要给女孩太多表扬

茹梦是一名小学二年级的学生，考试经常得第一，妈妈总夸她是“最聪明的孩子”。可是前几天，她一回家就冲进房间，还把门反锁起来。妈妈在外面劝了十几分钟，茹梦才像个泪人似的把门打开，然后把书本扔了一地，她伤心地哭着对妈妈：“我不读书了，没意思！”妈妈吓了一大跳，问了好久，茹梦才说：“这次语文考试我没有得第一，只考了89分！妈妈，我是不是变笨了？不是最聪明的孩子了？大家一定都会笑话我的！”

茹梦的想法和表现让妈妈觉得非常沉重，她想：难道是表扬出了问题？于是等女儿情绪稍缓和之后，妈妈对她说：“茹梦，这个世界上谁都无法永远得第一，但只要你努力了，结果不是最重要的，老师同学也不会因你偶尔的失误嘲笑你。但如果你面对挫折自暴自弃，大家才会觉得你是‘胆小鬼’。”茹梦这才慢慢平静下来。

父母应尽可能在女孩幼年阶段协助她们体验成功，品尝失败，在失败与成功之间，引导其建立自信，平衡自己的心态。切忌一味表扬和赞美女孩，这会让她太过看重成功，继而变得害怕失败，无法正确应对失败的局面。你要让她明白，成功固然好，但失败也是不可避免的。当然，你也可以有意识为女孩制造一些挫折，增强其耐挫力。

方法二：让女孩体验生活的艰辛

通常有“蛋壳心理”的女孩大多都是被父母“宠坏了”，她们习惯了“衣来伸手饭来张口”，习惯了被表扬被赞美，但同时她们也无法亲身体会到生活的艰难。因此，你可以通过让女孩做一些力所能及的事情，让她知道任何事都要经过艰苦努力的过程。

例如，你可以让她照料一盆花，让她每天浇水，定期施肥，并且记录下这盆花生长变化的情况，而当这盆花在女孩的精心照料下，一天天成长，并最终绽放出美丽的花朵时，她或许就会体会到做事的不易，生活的艰辛。

专家给父母的**管教课堂**

英国教育家伊丽莎白·哈特利·布鲁尔说，让女孩独立，但不要抛弃她。对此，她给女孩父母的教育方案是：

1. 当女孩最初几次尝试新鲜事物时，请待在她身边，给予她应有的安全感。

2. 运用“有支持的独立”的理念，来评估女孩是否会感到被抛弃或被忽视。

3. 如果女孩独立完成了某件事，你要坦率地询问她对你的“事先准备”是否真心满意。

第⑥招

对待“玻璃女孩”，来点“逆向关怀”

生活中许多小女孩受不了一点儿批评和委屈，而且自尊心超级强，人们把这样的女孩统称为“玻璃女孩”，意思是说她们像玻璃一样易碎，经不起压力的打击。

女孩之所以变成脆弱、任性的“玻璃女孩”，并不是她们天生如此，而是和父母的教育有莫大关联。很多父母都表示，自己小时候受苦受难够多了，应尽量给女孩提供最好的物质生活和教育条件，对孩子提出的各种要求更是无条件地满足。结果，女孩们就变成了那种性格“过强”、做事“输不起”、怕批评的“玻璃女孩”。

教育专家认为，面对抗挫能力差、过于自负和自私的“玻璃女孩”，父母不妨从小就开始给她们点“逆向关怀”，硬起心肠，对女孩的不合理要求说“不”，让她多吃些“苦”、多走些“弯路”，这对完善她们的坚强性格等都大有裨益。具体的教育方法可以参考以下几点：

方法一：坚持“放任自流”不妥协

一位父亲曾对儿童心理医生这样说道：

我女儿彩彩是属于那种在家很捣蛋的类型，整个就是“自恋王”和“小霸王”，总觉得自己很聪明、很正确，所以她要所有人都按照她的想法去做。如果你批评她，她不乐意不说，还会和你大吵大闹，甚至用“绝食”、“离家出走”、“自杀”这些极端方式来吓唬你。有几次我实在忍不住就打她、骂她，可这孩子脾气犟得很，你怎么说她都不听，说了就和没说一样，就是不改。

面对这样的女孩，父母不妨采取“不理睬”的态度，多给女孩一些挫败感，次数多了，女孩就会形成习惯性思维和记忆，慢慢地，她的某些坏习惯和不良性格就会被改掉。另外，父母还要学会对女孩多“放任”，不要处处都替她安排好，要看着女孩“走弯路”之后，再告诉她们为什么会这样，应该如何应对，这才有利于其健康成长。

方法二：不妨让女孩吃点小“苦头”

在美国，一些中小学校甚至幼儿园，非常流行吃“忆苦饭”。比如马里兰洲的温顿小学校就会组织全体学生参加为期3天的“要饭课”活动。在这三天里，每到就餐时间，学校会让孩子们扮演成乞丐、流浪汉，去向由教师扮演的慈善机构的“工作人员”要饭，而他们所能要到的只是一些粗糙的面包和水煮的土豆。

人生的道路要女孩自己去走，她才能领略一路精彩；生活的难关让女孩自己去闯，她才能坚强勇敢，有些“钉子”她一定要碰，才会成长。所以，在生活中，父母们不妨适当让女儿受点苦，让她知道一切成功和幸福都来之不易，这样她才会懂得珍惜和努力。

专家给父母的
管教课堂

在“逆向关怀”这个问题上，英国教育家伊丽莎白·哈特利·布鲁尔给女孩父母们的建议是：

1. 当你或女孩疲乏时，最好不要快刀斩乱麻，以迫使某个问题得到解决。

2. 尝试委婉地对女孩说“不”，不要提高嗓门吓唬她。

3. 试着相信女孩会服从，向她讲明理由或做事方法，以便让她服从你的要求。

第⑦招

重视“性别教育”，女孩不能当男孩养

家有爱女的父母们都知道，女孩天生就比男孩柔弱。女孩就像一朵盛开在清澈湖水中的莲花，看起来那么温柔、细腻、惹人怜爱。但是，随着时代的变迁和人们思想观念的不同，父母们不再要求女孩子“养在深闺人未识”，而是希望她们“巾帼不让须眉”，于是很多父母就希望把女孩当成男孩养，岂不知这种错位的性别教育给孩子日后的生活带来了巨大的痛苦。

我们先来看下面这个场景：

茜茜是独生子女，自从她出生后，家里人就一直把她当男孩来打扮，一直把她当儿子养，使得茜茜性心理倒错，对男孩子产生了莫名的崇拜。一天，茜茜妈妈听到茜茜和其他小朋友在院子里争吵，然后看到女儿正把拖把夹在两腿之间，大喊着：“我是男孩，不是女孩！”

如果你是茜茜的妈妈，你会作出何种反应？是冲上去一把夺过拖把，随手给女儿一巴掌，并说道“你这孩子怎么不知羞，竟然玩男孩子的游戏！”还是走过去，把女儿抱在怀里，温柔地说：“茜茜，你不是男孩，你是个女孩子。男孩和女孩是有差别的……”

毋庸置疑，后一种方法才可取。倘若你没有及时纠正女孩的认知，没有及时告诉她男女之间的差别，就容易导致女孩性别认同混乱或“异性化”心理变态，种下异性装扮癖、易性症及同性恋等心理的恶果。

那么，父母应该如何做好女孩的“性别教育”工作呢？

方法一：父母的性别角色要拿捏准确

“男人是山，女人是水”，寓意男性的形象应该是刚毅、粗犷的，女性的形象应该是柔弱、细腻的，假如一个家庭里父母的男女性别角色模糊或错位，例如父亲遇事像个女人似的哭哭啼啼、犹犹豫豫，母亲则表现得像个男的似的“大嗓门”，那么受这种家庭环境影响的女孩很容易各方面的表现越来越男性化。

因此，父母一定要拿捏好自己的性别角色定位：作为男人的父亲，就应该在女孩面前表现出男性阳刚、坚毅、勇敢的一面；而作为女人的母亲，则多在女孩面前表现出女性温柔、善解人意的一面。

方法二：母亲要做女孩的良师益友，穿衣打扮要注意

母亲是女孩“性别教育”最好的导师，她不但给予了孩子宝贵的生命，还成为女孩一生都在模仿的对象。母亲的一言一行、穿衣打扮、做事态度等等，这些都会成为女孩模仿的对象，女孩会从自己的母亲身上看到“什么是女人”。因此，母亲要做的不仅仅是照顾好整个家庭，还有怎样培养女孩成为一个拥有健康思想、良好品格和习惯的女孩。

另外，妈妈在给女孩选择衣服的款式上，应该以美观大方、舒适健康为主，要符合孩子的心理特征和审美意识。在为女孩选择衣服时，妈妈最好要考虑女孩的年龄、喜好等各方面因素，可适当征求女孩的意见，问她喜欢什么款式、颜色，以便时刻了解女孩的审美动向，必要的时候，给予正确的引导，以便从小就培养女孩对衣着的品味。

专家给父母的
管教课堂

著名教育专家王金战对于性别教育问题是这样回答的：

1. 在家庭中，父母双方要共同负责孩子的教育，形成优势互补。
2. 不要排斥孩子的个性发挥。
3. 父母的性别角色要拿捏好。

第8招

唱“红白脸”不是教育的好方法

如今，在很多中国家庭里，教育女儿的重任不是交给妈妈“全权代理”，就是让老人“代为教育”，或者是在教育孩子的过程中，父母一个“白脸”、一个“红脸”。其实这些并不利于女孩的健康成长，只有父母“合力教育”，发挥各自的优势，运用科学合理的教育方法，才能教育好女孩。

一位母亲就曾在教育女儿的过程中遇到了这样的“问题”：

女儿乔乔自从上幼儿园开始就一直由我接送。后来，她上了小学，家长会也一直是我参加，我的全部时间几乎都用在了女儿的教育上。她爸爸是一位商人，平时工作很忙，每天晚上等他回来的时候，女儿已经睡着了。原来我想，自己一个人教育女儿应该不成问题，乔乔爸爸工作忙也没办法陪孩子。但一天中午接到乔乔班主任的电话后，我的心里产生了不安。

老师说，乔乔在课堂上不认真听课，而是拿着小刀在爸爸的照片上划来划去，嘴里还一直嘀嘀咕咕的。后来才知道，乔乔是在生爸爸的气，因为爸爸没有时间陪她，她觉得爸爸不爱她。老师还告诉我，乔乔的性格也出现了一些缺陷，例如胆小、爱生闷气、脆弱等。事后想一想，女儿之所以变成这样，完全是我们大人的责任，我只顾在女儿的成长中扮演“妈妈”的角色，却不知女儿的教育中“爸爸”的角色必不可少。

的确如此，教育女孩需要妈妈和爸爸巧妙配合，各自发挥其角色对女孩的影响力，全面健康地培养女孩的性格、习惯、心态等。当然，父母在对女孩实行“合力教育”时，还需要掌握一些科学的方法，以便达到教育的效果。

方法一：父母的教育态度要一致

由于夫妻双方的人生阅历、知识水平、价值观等不同，在很多家庭，对女孩成长规律的理解也不相同，自然在女孩的教育问题上就会产生分歧。假如父母对女孩的教育态度不一致，那么很容易导致孩子无所适从，甚至变成人格失调的双面人。而现在大部分家庭里，父母总是一个扮演“红脸”，一个扮演“白脸”，这样的教育方式也是导致家庭教育失败的主要原因。

洛洛今年上小学二年级，可是她的自理能力很差，平时在家不仅要妈妈帮她穿衣、穿鞋，还要妈妈给她喂饭，而且还要边看电视边喂。妈妈觉得洛洛已经算是大孩子了，这些不合理的要求不能满足她，以免她养成娇惯和懒惰的毛病，所以总是严厉要求女儿自己穿衣、吃饭，并规定她吃完饭再看电视。妈妈的这种做法让洛洛很难接受，她常以哭闹表示抗议，这时，爸爸就不耐烦地说：“孩子还小，她愿意怎样就怎样吧，你那么严厉干什么！”妈妈一听也不高兴了，马上更大声说道：“那怎么行，小女孩就得有规矩，你想她长大成个‘废人’？”于是爸爸妈妈你一言我一语地争吵起来，洛洛停止了哭闹，迷茫地站在一边看着因她而争吵的父母。

父母双方不一致的教育态度，很容易导致夫妻间的争吵、否定对方、暴力，这样不仅会使孩子对父母感到失望，也会破坏一个家庭的和谐，更会降低父母在女孩心目中的形象和威信。因此，父母在孩子面前不仅要保持和睦的夫妻关系，更要保持一致的教育态度。当双方的意见发生分歧时，要私下共同商议，而不是当着孩子争议，那样的话，没有分辨能力的女孩会茫然失措，不清楚自己该听谁的，哪种观点是对的。

方法二：父母要多沟通女孩的教育问题

一项研究报告显示：在家庭教育中，父亲参与管教儿女的程度远远低于母亲，母亲是孩子主要照顾者的家庭占 75%，而父亲是主要照顾者的只占 15%。教育孩子本是父母双方共同的责任和义务，假如有一方“撒手不管”，那很可能导致在教育孩子的过程中出现偏差。

因此，父母双方应该经常协商和沟通女儿的教育问题，尤其是爸爸，应多抽出时间和妈妈探讨教育女儿的问题，对于那些有争议的问题，要心平气和地说出各自的意见和建议，然后做出对女儿最好的选择。要知道，在家庭教育中，只有父母的“合力教育”，才能教育出好孩子。

专家给父母的
管教课堂

英国教育家伊丽莎白·哈特利·布鲁尔关于家教中的父母配合方面，给出了这样的建议：

1. 父母要向女孩传授和示范解决冲突的方法，这会使女孩受益终生。

2. 孩子心情不好时，父母应尽量减少争吵。

3. 家庭成员之间适当的争辩、讨论是有益的，但一定要心平气和，不要带有偏见。

第9招

尽量少用命令口吻

“对孩子要少下命令，命令只有在其他方式不适用或失败时才用。要像一个善良的立法者一样，不会因为去压迫人而高兴，而因为用不着压迫而高兴。”这是英国著名教育家斯宾塞说过的至理名言。的确，作为父母的我们要想和自己的女儿友好地进行交流，首先就要学会和孩子“商量”。如果两代人之间的沟通缺乏应有的理解和尊重，势必会伤害彼此的感情。

有一位父亲就曾遇到过这样一件事：

我女儿莹莹今年9岁，上小学三年级，我因为工作的事情经常出差，和女儿的沟通很少。后来，我调动了工作，终于有时间好好管教女儿了，所以很多事情我都打算替她好好做，以便补偿她缺失的父爱。但没想到我的“自作主张”不但没有加深父女之情，反而伤害了女儿。

有一次，我听说一家外语培训学校正在招生，于是和妻子商量了一下就给女儿报了名，那家学校是周六和周日都有两节课，家里人都认为多学一门外语对女儿的将来有好处。但是女儿听到我的决定非常生气，她大声地对我说：“你怎么没和我商量就决定了，我每周六要去参加课外小组活动，我不要去学什么外语！”

我也有些生气地说：“我这样做是为你好，你怎么不听话呢！”

“什么为我好，我不愿意！就不愿意！”最后女儿哭着跑回自己的房间。

曾有人说过：“商量的魅力在于，使自己学会从别人的角度思考问题。”上述案例中的父亲正因为没有从女儿的角度去思考问题，才导致亲子关系出现裂痕。因此，父母凡事都应该多和女孩商量，这既是尊重女孩的表现，也是加深彼此间交流沟通的有效方式。

下面就给女孩的父母们提供一些方法和建议：

方法一：学会事事、时时和女孩协商

一位母亲曾在一堂亲子教育课上讲述了自己的育女经验：

我的教育方式很民主，所以与女儿的关系很融洽。女儿长大了，已经习惯搭着我的肩膀走路。她有时叫我妈妈，有时不经意便直呼其名，我们如朋友般亲密，令好多人羡慕。

我和老公给女儿创造了一个完全自主、轻松、和谐的家庭环境，她在家里可以无话不谈，即使说错了，我们也不会指责她，所以她从不撒谎。我们经常坐在一起聊天，而且我们的观点竟是惊人的接近，很少有争吵的时候。

面对任何事情，我从不端母亲的架子，这在她很小的时候便是如此。例如女儿在商场看中一个玩具，我虽然觉得没必要，但还是会和她商量，说出自己拒绝的原因，看她能不能接受。一般情况下，女儿都乐于接受我的建议。我对女儿没有任何秘密，如果我遇到拿不定主意的事情，无论是大事还是小事，都会征求女儿的意见，我信任女儿，也相信她的能力。

这是多么聪明的一位妈妈，她懂得“商量”对女儿来说是多么重要。相信在这样的家庭氛围中，女孩渐渐也会养成商量的习惯，愿意主动与父母进行沟通、交流，这样亲密、温馨的亲子关系怎么不令人羡慕呢？

方法二：丢掉命令的口吻

父母和子女的关系不是“将军和士兵”的关系，所以在和女儿相处的过程中，你应该多些商量，少些命令。无论你要求女儿做什么事情，一定要注意用商量的口吻，而不是“命令”。

例如，当你提醒正在看电视的女儿上床睡觉时，可以这样说："宝贝，你现在是不是该洗洗睡了，明天还要早起上学呢。"而不是说："赶紧睡觉去！再不关上电视我明天就砸了！"；如果你请女儿帮你洗菜、打扫卫生，可以说："宝贝，你能帮我洗一下菜吗？妈妈有些忙不过来。"而不是说："赶快把菜洗了！"

父母商量的语气对女孩来说十分重要，她会认为你尊重和关心她的感受，把她放在了对等的关系上，从而使孩子对你产生莫名的好感和信任感，自然大大地促进亲子沟通。

专家给父母的
管教课堂

"知心姐姐"卢勤认为父母应表现出对孩子的尊重和信任，尽可能做到以下几点：

1. 把女孩看做一个独立的人，父母要学着相信女孩的能力。

2. 女孩有时夸大一些事情或有一些坏习惯，父母都要试着站在她的立场理解、开导她。

3. 要把女孩当成真正的人，允许女孩有自己的行为方式和独立人格，以及隐私。

第二章

多些尊重——爱让女孩身心健康成长

尊重是一缕醉人的春风，

是一颗给人温暖的舒心丸，

更是一剂催人奋进的强心针。

但你知道尊重在家庭教育中如何使用吗？

尊重就是要学会凡事与女孩商量后再决定；

尊重就是不侵犯女孩的私人领地；

尊重就是用欣赏的眼光看待女孩；

尊重就是要学会和女孩做朋友；

……

第10招

不要侵犯女孩的私人领地

以下是柔柔妈妈的育女经验：

我的女儿柔柔已有近一年的时间，喜欢每天待在自己房间里半个小时或更长的时间，有时玩玩具，有时听听音乐，有时在发呆，但大多数时候都在看书。但奇怪的是，每当这个时候女儿都把门反锁，我总是要求她不要锁门，不过，女儿依然我行我素。有好几次，女儿邀请小朋友到家里玩，她也总喜欢把别人带到她房间玩玩具，而且一定会把门锁上。最初，我认为女儿是因为想开空调怕被我发现才锁上门，因为我曾经嫌她开空调太低而说过她，或者女儿是想和我玩“躲猫猫”的游戏。但后来我发现并不全是这样，不过为了尊重女儿，我从不强迫她不锁门，而我自然每次敲门才能获准进入。前几天，女儿在房间里看书，我敲了敲门，问她可否进去，女儿说：“妈妈，你进来吧，门没锁。”我对她说：“无论你是否锁门，妈妈都会敲门后得到你的同意才进来。”听完我的话，才十岁的女儿显得非常高兴，她好像处在一种神圣的感受里，我想那就是孩子被尊重的感觉吧！

中国青少年研究中心曾做过一项调查研究：全国有近30%的中小学生的日记和信件被家长偷看过。甚至调查中有些父母还理直气壮地说：“我们是孩子的父母，有权利知道关于孩子的一切，看看他的日记和信件算什么？”岂不知父母这种关爱孩子的方式会让孩子觉得父母在侵犯他们的隐私，甚至造成更大的身心伤害。曾经就有一个女孩在日记中这样写道：“我知道父母很爱我，可他们爱得让我想去死，因为我一点自由都没有了！”造成如此糟糕的状况，主要根源在父母的身上，那么父母应该怎么做呢?

方法一：尊重小公主的秘密

有一位刚上初中不久的女孩在日记中这样写道：

上了初中后，我变得很喜欢写日记，习惯把日记本放在我房间的抽屉里，可是最近我发现妈妈动过我的日记本，我知道后非常生气。于是我就想了个办法，在抽屉最上边放了一张有几根头发丝的白纸，但第二天我就发现头发丝不见了，很显然有人动过我抽屉。我没有当场生气，而是在桌上写了一张大大的便贴纸：请尊重我的隐私。结果抽屉还是被打开过。最后我恼了，就在桌上写道：不尊重别人的隐私也不配得到别人的尊重！这一下子就把妈妈惹怒了，她脸色难看地对我说：“多大点孩子，竟然还敢和我谈隐私，我是你妈妈，你的一切我都必须知道！”我讨厌极了母亲这种做事说话的方式，她侵犯我的隐私竟然还有理了，我发誓以后再也不写日记了！……

没错，很多父母都认为“隐私”不应该存在于自己和孩子之间，他们希望女儿能敞开一切空间。但是人就需要有自己的私人领地，需要有属于自己的秘密，这和你与孩子的亲属关系、孩子的年龄段没有关系。

因此，我们要把女儿放在“对等”的位置给予她尊重和理解，不但要尊重她的隐私和私人领地，更要尊重她的建议和看法。正如著名教育专家孙云晓说的那样：“走向独立是现代人的基本特征之一，而拥有个人秘密并能恰当处置是走向独立的要素。从这个意义上说，没有秘密的孩子长不大。有远见的父母应该允许孩子有自己的秘密。”

方法二：帮助女孩构建她的私人领地

从小女孩学会说“我”这个字开始，她的自我意识就逐步形成了，因此尊重女儿的意愿和她的私人空间，是父母最明智的选择。

有一位父亲是这样做的：

女儿上了幼儿园之后，我开始给她构建属于她自己的个人空间，把我的书房开辟出一个空间作为女儿的私人领地，并且安装了一个门。家人只有经过她的允许才能走进去，每次妈妈要打扫她小书房的卫生，也会提前和她打招呼："今天我要大扫除，你的房间我进去打扫可以吗？"每当这时，女儿都会笑着大声说："妈妈，你可以进去，谢谢你帮我打扫！"

平时我们也非常尊重女儿的独立空间，感觉她需要一个人待着时，我们从不打扰。后来，女儿进入小学、初中，有了属于自己的隐私，我和爱人从不去偷看或强逼女儿说出来，而是引导她把遇到的事情和我们分享，女儿也非常乐意。现在，我们和女儿的关系非常好，她也非常尊重我们，而且她很自信、乐观、独立、坚强，我相信这和我为她从小就构建的"私人领地"有关。

著名儿童教育家蒙台梭利认为：教育的原则是以尊重孩子为前提，父母应从促进女孩身心发育的角度去设计，为孩子提供一个良好的学习环境，任由孩子在其中自由地发挥、选择。因此，作为女孩父母，我们不但不能随意侵犯孩子的私人领地，还要学会尊重她们，帮助她们构建私人领地。

专家给父母的管教课堂

随着年龄的增长，女孩很容易规划出自己的"界限"，并严禁父母踏入。对此，英国教育家伊丽莎白·哈特利·布鲁尔认为，父母最好做到以下几点，才不至于伤害亲子之情：

1. 分享并关心女孩的爱好，不要试图控制它们。

2. 给女孩空间和领地，让她与你不同，并相对独立，但你不要将自己隔绝在她的世界之外。

3. 关心她，但不骚扰她。

第11招

与女孩做朋友，分享她的喜怒哀乐

人们常说：“与他人分享快乐，你的快乐就会加倍；与他人分享痛苦，你的痛苦就会减半。”作为女孩，她需要有个人来分享她的喜怒哀乐，需要有一个贴心的好朋友，而她最希望那个值得信赖的人是她最亲密的父母。一般来说，父母在与女儿“分享、交流”的平台上，常常扮演着三种角色：一是倾听者，这可以帮助你获得更多信息，成为女儿的亲密朋友；二是指导者，父母需要随时随地调整、引导、提醒，以便对女儿施与正面影响；三是帮助者，父母应帮助女儿发现问题，解决问题，使其顺利成长。

具体来说，父母们学会分享女儿的喜怒哀乐，可以按照以下方法去做：

方法一：丰富交流方式，让女孩自愿说出心里话

日常生活中我们时常听到父母们这样对女儿说：“你还想要什么？”“吃饱喝足了吗？”“作业写完了吗？”其实，这些简单的询问并不能深入孩子的内心，无法让女孩打开自己心灵世界的大门。因此，父母们在与女儿交流时，应该尝试更为引导性、开放性、主动性的交流方式，让女儿自愿说出心里话。

方法二：父母要多增加和女孩在一起的时间

有一位母亲在写给女儿的信中是这样说的：

女儿，妈妈首先要请求你的原谅，自从你上学、妈妈又重新工作后，和你待在一起的时间就越来越少了。原本我以为你上学之后就是个大女孩了，很多事情都能自己解决，在学校也能找到好朋友，会有人和你分享喜怒哀乐。但直到昨天，你生着气对我说：“你这个跟陌生人一样的妈妈我不想要，我每天高兴什么、不高兴什么，你都知道吗？”你这样说妈妈完全可以理解，所以妈妈决定以后会抽出更多的时间和你在一起，同时我也希望你能把我当成朋友，我相信用妈妈这颗爱你的心能够弥补我们之前的裂痕。

现在，很多父母都以“我很忙”、“没时间”等借口来缩减与女儿相处、沟通的时间。很多时候，不是女孩不愿意和自己的父母分享她的喜怒哀乐，而是父母们不是拒绝就是敷衍，彼此间根本无法真诚沟通。所以说，父母应该多增加和女孩在一起的时间，用心去了解和体会女孩成长过程中的酸甜苦辣，和她一同经历成长的烦恼。

专家给父母的

管教课堂

卡尔·威特认为，孩子没有小伙伴也不会失去童趣，最重要的是父母如何和孩子成为朋友，他的教子经验是这样的：

1. 父母在和孩子玩耍的时候，一定要尽量了解她的内心世界，同时看孩子的适应能力和反应速度，看她适合玩什么样的游戏。

2. 为了避免孩子感到孤独不安，父母可以把孩子带到自己做事的地方去，让孩子在那里玩。

3. 父母应该积极参与孩子的角色游戏，有意识地让她体验一下做父母的滋味。

第12招

以欣赏的眼光看待女孩

日本的儿童教育专家做过的一项研究表明：那些经常受到父母称赞的女孩比那些很少受到父母称赞的女孩，成才率要高出5倍。因此，作为父母，应该时刻关注女孩的每一点进步，抓住孩子的那些闪光点，用欣赏、鼓励和肯定的言行去激励她们奋发向上。但实际生活中很多女孩的父母并不懂得用欣赏的眼光看待自家的孩子，反而是处处打击女孩的自信心。下面这位母亲就犯了这种错误：

小意是一个有些文静的小女孩，上小学三年级，平时在家里和学校都不太爱说话。妈妈觉得女儿太内向，学习成绩也赶不上同龄的小朋友，所以就给女儿报了几个补习班，周末还让女儿去学习钢琴。谁知，成绩没有提高，反而下降很多。于是，妈妈整天就说她："你怎么这么笨！""别人都能学会怎么就你不行！"……妈妈的话让小意非常难过，渐渐地她真的认为自己是个"废物"，没事就把自己关在屋里，后来妈妈带她去医院，医生说小意得了抑郁症。

虽然父母的批评有促进孩子进步的作用，但过犹不及，势必会挫伤女孩的自尊心和自信心，而父母对女孩的赞美和欣赏是对她的肯定和激励，这会让她产生自豪感和成就感。当然，父母对女孩的赞美和欣赏也要掌握好"度"。希望下面这几种方法能够对女孩父母们有所帮助：

方法一：让你的小公主显示出能力来

现今社会对女孩的能力要求越来越苛刻：你会弹什么乐器？是大

学生吗？会说外语吗？会和陌生人友好交谈吗？……像这些学习技能、语言技能、人际交往技能等等，女孩们并不是天生具备的，那么作为父母，应该为女孩做些什么呢？

其实答案很简单，那就是帮助女孩把她的各种潜能发掘出来，例如注意观察女孩的兴趣变化，根据女孩的先天优势进行引导；多培养女孩的长处，并试着给女孩一定的强度和压力，让她学会持之以恒；多带女孩参加一些课外活动，让她在集体活动中找到自信；在家时，父母可与孩子多玩些游戏，启发孩子的动手能力、创新能力等。

方法二：用欣赏的眼光看女孩

曾有一位教育专家做过这样一个测验：他选取了几名同年龄同年级的中国孩子和外国孩子，让他们参加一场考试，考试后的分数让孩子分别拿回家给各自的父母看，结果中国的父母对孩子的成绩有 80%表示不满意，而外国父母则有 80%表示满意。为什么会这样呢？这就是因为外国父母更习惯用欣赏的眼光看待自己的孩子。所以，父母们应该用欣赏、肯定、鼓励的眼光去让女孩发现自己的长处和优点。

专家给父母的 管教课堂

著名教育专家孙云晓认为，父母应学会用欣赏的眼光去看待女孩的优点，并努力做到“三要、三不要”。

1. 要用全面的眼光看待女孩，不要只是盯着某一个方面。

2. 要用发展的眼光看待女孩，不要一成不变地看孩子。

3. 要用辨证的眼光看待女孩，不要一概而论。

第13招

呵护并引导女孩的兴趣和爱好

在一堂教育专家的讲座上，一位母亲向众人讲起了自己的育女经验：

我的女儿君君是一个想象力丰富的孩子，她总是喜欢天马行空。这个兴趣促使她把所有的想法都绘在画纸上，为此，我还特意给她报过画画班，想让她通过正规的学习把自己心中的想法表达出来。但是只去了一天女儿就不干了，她说不喜欢在画画班上的内容，还说老师总是喜欢要求小朋友们按一定的样子画，比如人、花、太阳，而且颜色也要按老师要求的颜色涂。女儿很喜欢信手涂鸦，但我翻过她的很多画画簿后，发现那上面几乎每一本就是一个故事，而且人物、情节都很清楚，所以我很赞成并支持女儿让她按照自己的想法，“想怎么画就怎么画”。

有时，我会有意地装作不小心看见她的画，然后很感兴趣地兴奋地大喊道：“君君，这个画有意思，你能给妈妈讲讲吗？”女儿听我这样说，马上就会翻开自己的画作，给我滔滔不绝地讲起来。后来我给女儿买了很多有意思的漫画集，并且不断地激发她的“创作欲望”，让她时刻观察周围有意思的事物。虽然女儿这种不成体统的画画在别人眼里有些“怪”，但是她画得很开心，而且真的越来越有意思，后来还在少儿杂志上连载了。

现在，很多女孩父母为了所谓的“前途”，总是强制女孩去做某些事或不准做某些事，结果女孩真正的兴趣和爱好全被“扼杀”了。

上述案例中君君妈妈的这种做法非常好，她不但很好地保护了女儿的爱好，而且多加引导和鼓励，使得女儿对画画的兴趣更浓厚，而且自信心也增加了。

孩子的兴趣和爱好如果在父母恰当、科学的引导和呵护下，很容易就变成孩子的特长，无形中就会增加孩子的自信心，使她在同龄的孩子中脱颖而出。那么父母应该怎么做呢？下面这些方法，父母们不妨尝试一下：

方法一：抓住关键期培养女孩兴趣

在一次家长会上，一位当老师的妈妈这样对其他父母说道：

我是一名中学教师，女儿今年上小学五年级。因为我爱人要经常出差，所以自从女儿出生后，我常常是一个人在家带孩子，还要一边哄她一边备课。女儿那时虽然年纪小，但她喜欢挥着自己的小手，胡乱地在家里的墙上、柜子上留下自己稚嫩的笔迹。后来，孩子上了学，我就会有意识地带她到少年宫书法部去玩，并且经常带她去参加那些现场表演书法的活动，让她仔细观摩，女儿每次都是边看边比划手指。通过很长时间的观察，我发现女儿是真的喜欢书法，于是愈发增强了我让她学习书法的决心。

后来，我让女儿拜见一位市书法界的老前辈为师，经过几年的努力，女儿写得了一手比较出色的隶书，而且在市区书法大赛上经常获奖。女孩练习书法不但没有影响她的功课，而且让她变得自信、开朗，结交了很多兴趣相同的朋友。因此，我总结出一条育女经验：抓住孩子的关键时期培养兴趣，持之以恒就能取得好效果。

没错，培养和呵护女孩的兴趣，“坚持”很重要，但更重要的是在女孩小时候你就让她拥有一个“自己的兴趣和爱好”，然后父母再进行科学教育，进而培养女孩的各方面能力。

方法二：尊重女孩的喜好兴趣，并为其创造学习环境

兴趣和爱好没有高低贵贱之分，作为父母不能肤浅地认为：像钢琴、古筝那些高雅艺术才能成为孩子终生的兴趣、爱好，而那些折纸、做木工则是“没出息”的嗜好。其实，“三百六十行，行行出状元”，只要女孩是真心的喜爱，你就要学会尊重和鼓励她，并且为她创造一个学习环境。因为父母对自己兴趣、爱好的尊重和支持，让孩子觉得就是对自己的肯定和鼓励，她会在父母给予的这种“动力源泉”下，变得更加自信和有创造力。

专家给父母的
管教课堂

卡尔·威特认为，兴趣是促使孩子学习的最大动力，而用游戏的方式是激发孩子学习兴趣的最佳方法。对此，他的做法是这样的：

1. 为了唤起孩子识字的兴趣，老卡尔就给孩子买一些儿童书、画册等，然后非常有趣地讲给孩子听，之后激励孩子“如果你能认字，这些书你都能明白”等。

2. 孩子 6 个月时，老卡尔就在孩子房间四壁大约一米高的地方贴上写有文字和数字的白纸，主要是常见的一些名词和 1 ～ 10 的数字。

3. 因为幼儿的听觉比视觉发达，所以老卡尔决定对孩子从听觉入手教 ABC，让孩子反复听一些字母儿歌。

第14招

尊重女孩的朋友

一位父亲讲述了一件发生在女儿身上的事：

女儿的好朋友萍萍经常到我们家玩，但每次萍萍离开后，我们家都会变得一片狼藉，玩具、书本扔得到处都是。于是，我就对女儿说："你可千万别跟萍萍学，你看家里被她弄得多乱，这种女孩子没人会喜欢的。"没想到，听了我的话，女儿非常不高兴，噘着小嘴对我说："不许你这样说我的朋友！"说完就气呼呼地进了房间。

后来几天，萍萍又来找女儿玩，我就找各种各样的借口，不让萍萍进我们家，结果萍萍委屈地走了，从此再也不和女儿一起玩了。但女儿为这件事哭了好多次，还好长时间不和我说话。

美国杰出的政治家杰里米·泰勒说过这样一段关于"朋友"的话："友谊是我们哀伤时的缓和剂、激情的舒解剂，是我们的压力的流泄口，是我们灾难时的庇护所，是我们犹疑时的商议者，是我们脑子的清新剂，我们思想的散发口，也是我们沉思的锻炼和改进。"的确，成年人都会有这样一种体会：每当我们回忆童年时光，总会对儿时伙伴印象特别深，感情也较为亲密，说起幼年同朋友在一起的趣事，总是如数家珍。

因此，我们就更应该学会珍视女孩的朋友，并且通过尊重、欣赏女孩的朋友，进一步培养她团结互助的良好习惯。那么，作为女孩父母，我们应该怎么具体"支持"女孩的友谊？

方法一：引导你的小公主与人交朋友

父母要不断地指导女孩如何交朋友，例如你要告诉她对待朋友要真诚坦率，要学会严以律己、宽以待人；朋友交往的过程中，因为每个人的性格、习惯不相同，要学会尊重和理解自己的朋友；平时和自己的朋友说话，要懂得分寸和礼貌，不要在言语之间说出伤害朋友的话；朋友有难，要尽自己最大的能力去帮助他们，要学会热情、无私地帮助别人等等。

方法二：尊重女孩的交往意愿

女孩交朋友的确需要父母的指导，但父母不能盲目、主观地指导，一定要尊重女孩的意愿，让她有自主选择朋友的权利。很多时候我们发现在给孩子选择朋友方面，父母和孩子的意见往往不统一，父母认为如果对方品行、习惯不好，学习不上进，就会阻止女孩与其交往。其实父母应先尽量尊重女孩的交友意见，然后在孩子的交往过程中，对其进行积极的引导和帮助。

总之，作为父母，如果你能尊重女孩的每一个朋友，再稍加教育和引导，相信女孩一定会感觉到你对她的尊重，进而更加信赖你，同时还可以促进孩子之间的友谊，促使她们互相学习，共同进步。

专家给父母的
管教课堂

英国教育家伊丽莎白·哈特利·布鲁尔认为友谊对女孩很重要，她给女孩父母的建议是：

1. 邀请女孩的朋友到家里做客或同你们一起郊游，以便加深你对他们的了解。

2. 找一些有关她们的愉快话题，和她们一起交谈。

3. 赞赏女孩交友的能力。

第15招

换位思考，站在女孩的角度看问题

有这样一个发生在地铁站的真实故事：

一天，女儿和爸爸妈妈一起去乘坐地铁。列车快来时，女儿扬起天真的小脸对父母说："爸爸妈妈，等一下我们三个一定要坐一起啊！"小女孩父母随口答道："行，行！"三分钟后，小女孩和父母走进了车厢，可是车厢里只剩两个连在一起的空座位。于是小女孩父母就对女儿说："现在只有两个空座，我们三人不能坐在一起了。"女儿想了想，大声说："嗯，那我就不坐了，我要和你们站在一起。"小女孩的父母一听孩子这样说，马上开始规劝女儿说："去，去，有座位干嘛不坐！别瞎闹了，赶快坐上去！"可小女孩坚持不同意。结果小女孩和爸爸妈妈谁也没坐成，一家人都不高兴。

很显然，最后造成全家人都不开心的根源在于小女孩的父母，他们没有真正尊重和理解女孩的建议。女孩不过是想享受全家三口一起坐车的温馨感，而女孩的父母想得更多的是如何向女孩灌输或传达自己的想法和感受，希望女孩能理解和配合自己，并且满足自己对其的要求和期待。

假如女孩的父母能学会站在孩子的角度换位思考，就会避免很多与孩子之间的误会。那么，哪些教育方法可以帮助父母们学会站在女孩的角度看问题呢？

方法一：学会尊重孩子，成为她最值得信赖的朋友

"尊重"是父母换位思考、处理亲子关系的最基本的核心。父母

只有学会与女孩平等相待，才能教会她们以温和的态度对待他人，并为她创造一个广阔的了解社会的窗口。

另外，父母对女孩生活、学习中的那些“小错误”、“坏习惯”要学会宽容，试想一下：作为父母的你，小时候就是完美的吗？你不是也经常犯些小错误，会因为不想挨训而撒谎，会为了喜爱的玩具和别人打架吗？所以请多换位思考，给她一个“改正”的时间。如果你学着平等对待和尊重女孩，那她也会向你敞开心灵之门，成为你最亲密的朋友。

方法二：多蹲下来跟女孩说话

爸爸和4岁的琼琼说话时，最常做的一件事情就是“蹲下来”和女儿说话，他是这样说的：“虽然我是成年人，但是在我女儿面前，我希望变成一个和她‘平等’的人。当我蹲下来平视和女儿说话时，我真的发现从女儿天真的眼睛里看到更多的东西，那里最多的就是对我的信赖。不仅如此，平时为女儿做什么事，或者她想要做什么事，我都会站在她的角度去思考如何处理问题……”

“蹲下来”能让你更清楚地听到女孩说的每一句话、看清楚她的每一个细小的表情，继而了解孩子的感受，作出准确的判断和回应。因此，从现在开始，就学着蹲下来和女孩说话吧！

专家给父母的
管教课堂

无论何时，父母要学会站在女孩的角度看问题。对此，日本教育专家铃木镇一认为，父母最好时常思考下面四句话：

1. “如果我是女儿，我需要……”
2. “如果我是女儿，我不希望……”
3. “如果我是女儿，我的做法是……”
4. “我是在女儿期望的方式下对她的吗？”

第三章

深层沟通——拆掉两代人的“隔心墙”

为什么女孩一听你说话就烦?

为什么女孩有心事从不告诉你?

为什么女孩总是对你紧闭心门?

……

其实，这些问题的答案就在于“沟通”两字。

当你了解了以下这些，所有的问题都会迎刃而解：

良好的沟通从倾听开始；

少对女孩说大道理和伤人话；

用幽默的语言让她接受你的建议；

用非语言沟通架起更亲密的关系……

第16招

良好的沟通要从倾听开始

倾听，是人与人之间沟通的良好方法，更是父母与孩子心灵交流的桥梁。善于倾听的父母能够让孩子主动倾诉心声，把她心里的郁闷、压力等不良情绪都发泄出来，从而使孩子变得心情舒畅、精神抖擞。而那些不善于倾听孩子，甚至不停地抱怨“女儿不愿意和我沟通”“孩子总喜欢把心事隐藏起来”的父母，并没有仔细想过孩子为什么不愿意和你沟通。

妈妈正在家里做饭，女儿回来了，她高兴地跑到妈妈身边说：“妈妈，妈妈，今天在我们学校发生了一件有趣的事情！”

妈妈不耐烦地说：“什么有趣的事情？你作业还没写完吧？先写作业去。再说，你没看见我正忙着呢吗？”

女儿依然兴奋地说：“妈妈，这件事情可有意思了！”

“有什么意思，不就小孩子那点破事吗？别烦我，去去去！”妈妈把女儿撵走了。

结果女儿的兴奋之情一下子被打击没了，垂头丧气地走进自己的房间。

其实，很多时候女孩对父母讲述发生在她周围的事情，并不是因为那些事情真的多么重要和有趣，而是她们需要一个倾听她们说话的对象，需要一个发泄内心情绪的出口。那么父母应该如何来倾听女孩的心声呢？

方法一：父母要有主动倾听的意识

有位教育专家做过这样一项调查，他随机采访了很多女孩的父母，并询问了以下这些问题：

"你的孩子今天最想做的事情是什么？"

"女儿最喜欢你穿什么样的衣服？"

"她告诉过你为什么喜欢和隔壁班的同学交朋友了吗？"

"孩子做的每件错事你都听她申辩过吗？"

"作为父母的你每天都听小公主讲自己的事情吗？"

……

令人遗憾的是，面对以上这些问题，很多父母都觉得十分惊奇，甚至有些父母表示，这些问题他们从来都没有注意过。所以说，要想和孩子有一个良好的沟通，父母必须要有主动倾听的意识。

方法二：父母要以发展的眼光看女孩

有一位父亲的育女经验是这样的：

女儿今年8岁，正是时常犯错的年龄段。我和孩子的妈妈从来不会因为女儿犯了一个小错，就凭着自己了解的情况对女儿的行为作出评价和责备，更不会当小丫头据理力争地申辩和解释的时候，我们无理由地怒斥她："你犯了错还狡辩！"、"住口，不用解释了！"

因为我们可以想象到这个时候女儿该是多么委屈，我们也不会揪住孩子的小辫子不放，而是给她辩解的机会，我们不希望女儿背着太多的冤屈，一个人默默承受，要知道这样的负担很容易造成孩子的心理问题。所以，很多时候我们选择倾听，选择用更多的时间关注女儿内心的声音，尊重和理解她的所作所为。

心理学家曾警告父母：一定要以发展的眼光来看待孩子，倾听孩子内心的声音和成长的故事，假如父母从不听自己的孩子说话，孩子长大后往往要经过许多年的治疗才能恢复自尊、自信。

方法三：父母要做出认真倾听的样子

无论何时当女孩向你倾诉的时候，你都要表现出你的兴趣，并且用鼓励、善意和略带急切的眼神凝视孩子，另外你最好要用肯定的肢体动作以及面部表情鼓励女儿说话，不要随意打断孩子的谈话，父母还可以在倾听孩子的过程中适当提问，以刺激孩子继续倾诉的欲望。

有一位母亲这样谈到自己的育女经验：

女儿聪聪很喜欢和我说心里话，她的小伙伴的事情我都知道。一天，她跟我讲述她好朋友萍萍的一件事。萍萍把家里的手表调快了一个小时，她的爸爸起床后，一看时间差不多就匆匆上班去了，结果早到单位一个小时。我听后，肚子都笑疼了。我很尊重女儿，每次听她讲述时，我都会很用心，几乎调动身体里的每一个细胞来倾听女儿的声音，就这样女儿从小到大就喜欢和我分享她的痛苦、迷茫、欢乐。

专家给父母的
管教课堂

“知心姐姐”卢勤在“如何倾听孩子说话”这一方面给父母们提供了几点参考意见：

1. 用表情和语言将你专注倾听的态度传达给孩子。
2. 做出听的姿势。例如和孩子平视，身体稍向前倾等。
3. 表现出听的兴趣，不要打击孩子沟通的积极性。

第17招

多用“好吗”，少用“不能”

生活中，我们常常会听到父母对女儿说：“你不能做……！”“我不允许你去！”“这次考试不及格，我就不准你吃饭！”“晚上不准看电视！”……这些含有命令、责问、逼迫意思的沟通方式很容易让女孩形成两种极端：一是“沉默”，在父母强权的压制下，小女孩有话不敢说、有意见不敢表达，最后只好闷在心里，久而久之，她变得抑郁、自卑、内向、胆小、怯弱……；二是“爆发”，孩子也有自己的“容忍底线”，最初她可能选择沉默、隐忍，但到了一定程度，即她再也“受不了”时，就会表示反抗，和父母对立，而且随着孩子年龄的增长，她的“爆发”次数会增多，让她变得越来越叛逆、冲动、暴躁等。因此，父母在和女孩沟通时，应学会多征求女孩的意见，多用“好吗”，少用“不能”，给女孩更多的尊重和信任。

苏非是一个非常聪明，学习很努力的女孩，也一直是家人的骄傲，她有一个爱好——看电视。最初，父母对于苏非看电视没什么特别的反对，觉得小孩子爱看电视很正常，况且苏非的学习成绩也很好，一直是班级前三名。可是上了初中之后，苏非依然把很多时间花在看电视上，学习成绩有所下滑。眼看女儿的学习走下坡路，苏非的爸爸妈妈着急了，开始严厉管教起她来。于是，周围邻居经常听到苏非父母大声地斥责女儿说：“不准看电视！”“周末在家写作业，哪也不许去！”“赶快回家，别玩了！”等等。苏非原本就因为学习压力很痛苦，父母又如此管着她，从来不肯认真听她表达内心的想法，所以她觉得父母不爱她了，只是把她当成一个给他们脸上增光添彩的工具，于是她开始逃课、上网、结交社会上的不良青年，最后甚至因为参与一起团伙斗殴案被拘留了，学习成绩更是一落千丈。

其实，苏非转变的根由不是父母让不让她看电视的问题，而是父母在这件事情上的态度太过强硬，根本没有站在她的立场上考虑问题。假如苏非的父母在和她沟通如何提高她的学习成绩、如何处理“看电视”的问题时，多征求女儿的意见，多站在女儿的角度考虑，那么事情就不会变得那么糟了。

所以，父母在和女孩沟通、交流时，应该以尊重、理解为前提，然后运用科学有效的教育方法，让女孩心甘情愿地按照你的要求去做。

方法一：巧妙协商、正确引导女孩

有一位母亲在参加亲子活动的时候，这样谈了自己的育女经验：

有一段时间，我的女儿小爱特别迷恋收集小熊卡片，于是就不停地吃干脆面，一日三餐表现大不如前。如果用成人惯用的警告、批评等方式来纠正她当然可以，但我决定同孩子商量，尊重她的意见，然后用更好的方式引导。

一天，我们一家人正在吃午饭，女儿又是没尝几口饭菜，就不想吃了，只是很耐心地“陪吃”。有时她还会给你找一大堆借口，像太撑了、不想吃了、肚子疼等等。我没有强令她吃饭，而是温柔地说：“你真的不想吃了？”

女儿怯怯地点点头，可能是担心我会生气或惩罚她。但我微笑着说：“你现在不想吃也可以，但晚饭要7点才开始。你下午不能吃其他东西，好吗？”我就这样用一种不急不慢的语气同女儿商量，以便让她听懂，并进行思维判断。

女儿说：“那我现在吃了呢？”

“很好，饭吃饱了，下午你就不需要再吃干脆面了。”

显然，女儿明白了我的意思，开始用心地吃饭。

假如上例中的母亲一看到女儿不吃饭，大声地命令孩子吃饭，或者说"爱吃就吃，不吃算了！"，那么女儿心里肯定会产生埋怨或委屈，对改正她的坏习惯并没有任何帮助，相反还会让孩子产生厌恶感。因此，父母要习惯多征求孩子的意见，凡事和她商量着来，把你的想法和意见耐心地传递给女儿，让她慢慢理解你的苦心。

方法二：正确地向女孩发送"禁止指令"

教育女孩的过程中，父母有些时候难免需要对孩子提出禁止的要求，但在禁止或限制女孩的某些行为时，你一定要注意以下几点：

（1）不要刺激女孩的自尊。

（2）禁止的语言要客观，并且说出你的理由。

（3）要照顾女孩的感受，将孩子的不满降到最低，同时对孩子的感受作出回应。

（4）不要挑起女孩和你意志的较量。例如与其说"不准看电视！"不如说"我知道你很想看电视，可睡觉的时间到了！"

专家给父母的
管教课堂

"知心姐姐"卢勤认为，教育孩子的双赢诀窍在于父母与孩子的沟通，对此，她总结出了九大沟通妙招：

1．选择——让孩子决定。

2．巧妙地表达——给孩子写信。

3．坐下来听——让孩子倾诉。

4．蹲下来看——和孩子平视。

5．认识社会——放孩子出去。

6．相互尊重——与孩子商量。

7．能者为师——向孩子学习。

8．留点面子——替孩子着想。

9．说声对不起——向孩子道歉。

第18招

不讲大道理，不说伤人的话

我们常会听到女孩们这样抱怨父母："我最烦我爸妈给我讲什么大道理，明知道是对的也不愿意听！说实话我听他们说上半句就知道下半句是什么了，都是些陈词滥调，没想到他们还当'宝'，那些大道理我不懂吗！一遍一遍地说，他们不嫌烦，我还受不了呢！"看吧，这就是孩子对父母整日讲"大道理"的真实心声。

虽然我们常说教育孩子要"言传身教"，但这个"言传"并不是让父母像"唐僧"似的整日对女儿讲大道理，而且就算父母把那些为人处世的大道理都给孩子讲了，以她们的生活阅历、年龄心智也不会全明白，甚至会更糊涂。例如，女孩看到一朵美丽的鲜花忍不住摘了下来，我们便对她讲道理："摘花是不道德、不文明的行为！"孩子心中可能就有疑惑："我摘花是因为我喜欢，怎么会变成不道德、不文明，道德、文明又是什么呢？"就算在我们的大道理下，女孩的行为有所收敛，但她心里总有些糊涂，甚至有些不情愿。

很多时候，父母以身作则，比讲那些晦涩难懂的大道理对女儿更有用。下面这位父亲就做得很好：

人们常说父母是孩子的镜子，要想孩子变成什么样，父母首先就要变成那样的人。对于这一点我深有体会，并且一直给女儿做好榜样。生活中我们从不给女儿讲大道理，而是用自己的实际行动培养女儿的好性格、好习惯和好心态。例如我们很尊重长辈，每次上下班我们都要向长辈们问好。以前孩子不听话，遇到长辈们不打招呼，我们就有意识地引导女儿改掉这种坏习惯。有时我们向老人问好时，女儿就在现场。就在我们大人的一问一答中，你不用讲那些大道理，大人的这种尊敬长辈、孝敬老人的行为就让女儿记在了心里。久而久之，耳濡目染之下女儿懂得了孝敬长辈，并知道那是一种美德。

当然，父母在教育女孩的过程中，除了不讲大道理，学会以身作则为女儿做好榜样，还有其他方法值得一试：

方法一：将大道理切换成易懂的小道理

一天，一位8岁的美国小男孩乔治宣称自己爱上了班里刚刚转来的中国小女孩莎莎。莎莎把这件事告诉了妈妈。妈妈很惊讶，生怕女儿被带坏，赶紧给女儿讲道理："莎莎，你要明白，早恋是不对的，它就像没有长熟的青涩苹果，绝对不可以陷入其中。你现在还是小孩子，主要任务是学习，别的什么都不要想。以后一定要离那个小男孩远点儿！"莎莎若有所思，似懂非懂地点了点头。从此，莎莎见了乔治就觉得浑身不自在，老是故意躲着他，拼命和他划清界限。

乔治也把爱上莎莎这件事告诉了妈妈，并且还说要娶莎莎。与莎莎妈妈不同的是，乔治的妈妈虽然也是讲道理，但却有所不同，她是这样说的："乔治，你知道结婚需要很多东西吗？例如车子、房子、戒指、婚纱……买这些都需要花钱，如果你想让心爱的女孩变成你的新娘，那么从现在开始，你就要努力学习，以后争取考上好大学，然后有一份好工作，这样你才有能力去娶那位女孩啊！"乔治觉得妈妈说得很有道理，从此便开始加倍努力学习。

同样是给孩子讲道理，但结果却大不相同，为什么会这样呢？这是因为莎莎的妈妈只是凭空给女儿讲那些大道理，并且把本来很简单的一件事变复杂了；而乔治的妈妈却不一样，她将大道理切换成乔治能听得懂的恰当的小道理，用化繁为简的方式给儿子指明了一条努力的道路。

可见，作为父母，与其苦口婆心地给孩子讲那些她听不懂的大道理，不如把复杂的问题简单化，把大道理换成孩子能听懂、会动心、记得牢的小道理。

方法二：给女孩一个“有氧”的家庭环境

教育专家认为，父母应该努力为孩子创造一个“有氧”家庭，这样孩子的压力就会减少，变得轻松、自由、快乐起来。而创造“有氧”家庭的前提，就是父母要改掉爱讲大道理的毛病，因为父母越是耳提面命地给女儿讲大道理，她在这个家庭里就越会感觉到“缺氧”，进而变得心事重重、压力增多、情绪不稳。

那么如何创造“有氧”家庭环境呢？其实，“有氧”家庭应该是这样的：父母和女儿应该像一个团队，彼此协商沟通；还应该像一对亲密的朋友，互相尊重、理解，一家人可以一起开心地聊天、运动、逛街，为一个共同的话题或一件事出谋划策，贡献每个人的力量。每个人心中都有对家庭成员的“爱”，但不会因为这种“爱”让他人感到压力和难以接受，而是彼此都有一颗珍惜对方的心。

专家给父母的
管教课堂

父母老讲大道理，很容易让孩子产生厌烦感。对此，心理学博士海姆·G.吉诺特给出的建议是：

1.父母要在相互尊重的前提下，先说出表示理解的话，然后再提出建议和意见。

2.针对孩子的感受作出反应，而不是针对其行为。

第19招

巧妙拒绝女孩的不合理要求

玲玲7岁那年爸爸生病去世了，妈妈一个人支撑小服装店，没有人帮助她们。为了女儿，妈妈没有选择再婚。玲玲妈妈总认为，女儿缺少父爱很可怜，所以为了补偿女儿，她总是无条件地满足女儿的任何要求，女儿说什么就是什么，女儿要什么就给什么。有一段时间，玲玲逃学到网吧玩游戏，妈妈阻止了她几次，她就要求妈妈给买一台电脑，无奈妈妈只好满足了她的这个要求。

很显然，玲玲妈妈的这种做法是不对的。面对我们疼爱的女儿，如果她的要求合理，你应该马上满足她；但如果是不合理要求，你就应该转移她的注意力，让她慢慢平静下来。当然，也会有很多小女孩仍不肯罢休，这时父母不妨采取冷处理，让她自己去哭一阵、闹一场，待孩子发泄完后，再和她讲道理。

有关专家认为，对于女孩的不合理要求父母绝对不能满足，因为迁就和顺从孩子的不合理要求，实际上是助长她们以“自我为中心”的心理，而这种自我意识的无限膨胀，很容易使她变得自私自利、冷漠无情，根本不懂得感恩父母，反而认为一切都是理所当然的。因此，父母要学会拒绝女孩的不合理要求，让她学会控制自己的欲望。

那么，父母应该如何巧妙拒绝女孩的不合理要求呢？下面就给父母们提供一些解决办法：

方法一：父母“言出必践”，在女孩心中才有威信

一天，青青和妈妈去逛商场，看中了一个漂亮的玩偶。于是，青

青就让妈妈给她买，但前天出差回来的爸爸才给她买了一个漂亮的洋娃娃，妈妈觉得女儿的这个要求不合理就拒绝了。青青一看妈妈不给买，当时就在商场里大哭大闹了起来，并且一直抱着那个玩偶不撒手，无奈之下，妈妈只好给她买了。

青青妈妈这样做，虽然暂时止住了女儿的哭闹，但却会让女儿误以为“只要不停地哭闹就能得到自己想要的”。

如何应对女孩的要求呢？很简单，父母承诺孩子的一定兑现，禁止孩子的一定坚持，绝不要因为自己情绪好，或者事情小就迁就。只有这样，才能建立起父母的威信，让女孩明确地感到父母言出必践，让她懂得只有“合理”才能得到支持。

方法二：转移女孩的注意力

很多时候，女孩执拗于不合理要求的一个重要因素是：不能从时间、地点、场合等方面来思考自己行为、愿望的可行性。针对女孩的这一心理因素，父母这时除了可给女孩语言上的告诫外，还可以利用孩子自身注意力不稳定的心理特点，巧妙地将女孩的注意力引到别的事情上，使她在不知不觉中放弃原有的行为、愿望。

专家给父母的

管教课堂

如何巧妙地拒绝女孩的不合理要求呢？教育专家王金战给女孩父母提出了很好的建议：

1. 规矩不能随便破坏，说“不”就要坚持到底。
2. 做事之前先跟孩子定规矩。
3. 转移兴趣，引导孩子做一些有意义的事情。
4. 孩子提出不合理要求，要学会对孩子说“不”。

第20招

来点儿幽默，女孩更喜欢听

教育孩子虽说是当父母的一项严肃的责任，但父母完全没必要像绷紧的琴弦一样时时对女儿板着面孔，事事对女儿严肃正经。孩子的天性本就是爱玩、爱寻开心，所以父母们为什么不在教育中加点幽默呢！

7岁的大女儿与6岁的小女儿老是为看电视而争执，她们都有各自喜欢的电视频道，一到黄金时间档，姐妹俩就吵来吵去，妈妈对此烦透了，想尽各种办法来调停，但是一点儿用都没有。

一天晚上，当尖叫声又从起居室传来时，妈妈突然有了一个主意。妈妈从盥洗室拿了一罐剃须膏，冲进客厅，直接走到电视机前，两个女儿惊讶地看着她。妈妈啪的一声关了电视，拔出电视机的电源插头，然后夸张地摇摇剃须膏罐，把剃须膏喷满电视屏幕，宣布"今晚电视机死了"。

刚开始的一瞬，孩子们都愣住了，没有人说话，也没有人动弹。突然，两个小丫头笑得在沙发上打滚。这时，妈妈又模仿电视里帮派分子的腔调说："下一次，我要喷黑漆了。"

这位妈妈爆发出的幽默，不但娱乐了女儿，而且传递给孩子们一个非常清晰的信息：妈妈不允许自己每天为电视频道而争吵了。相信两个女孩在明白了这一点后，争吵频率就会降低。如果两个孩子又为此争执起来，妈妈也完全可以自言自语地说："我把那罐黑漆放哪儿了？"相信争吵就会变成孩子愉悦的笑声。

在教育女孩的过程中，父母少给女孩一些脸色，多给她一些幽默、轻松，相信你的女儿一定会更乐意听从你的吩咐。那么父母们要如何实施自己的“幽默教育”呢？

方法一：多用“幽默的暗示”，效果更佳

同样一句表扬或鼓励的话，如果你对女儿说了太多遍，她也会感到厌烦的，并且这种赞扬会渐渐失去它应有的作用。所以，你的表扬方式一定要有新意，例如女儿把自己的房间收拾得干干净净，书桌也整理得整整齐齐，这时你不妨对她说：“是哪个小女巫骑着扫帚来到这里，把这里收拾得这样干净？”或者“是田螺姑娘来过了吗？”这比死死板板地对女儿说：“啊，你的房间整理得真漂亮”，更让女孩拥有一份劳动后的成就感和自豪感，也让她在没有心理压力的情况下强化好行为。

有一位母亲这样写道：

我 4 岁的女儿非常痴迷武侠剧，虽说是个小女孩，但整天冲冲杀杀的，还说要做个侠女去闯江湖，这让我非常担心。一天，女儿又在商店里看中了一支新式玩具步枪和一把塑料宝剑，非缠着要买，而家中的兵器玩具早就堆积如山了。我对女儿说：“女儿，你的江湖开支也太大了，现在是和平时期，咱们裁减点江湖银两如何？”女儿噗哧笑了，从此，再也没有要我买过兵器玩具。

幽默是父母与女儿沟通的有效方式。在教育女孩时，如果父母能够经常想到“寓教于乐”，那么再顽皮、再固执的女孩也会转变的。毕竟，这个世界上没有谁会拒绝快乐！

方法二：用幽默的方式保护女孩的自尊

幽默就像春天里的鲜花一样，在家庭教育中散发着独特的香味。假如幽默式教育渗入到家教的点点滴滴之中，那么这种教育方式不但会使女孩具有更多新奇的想象力和创造力，而且很多时候父母幽默的方式会很好地保护她们的自尊，让她们在受到教育的同时，感到自己

是被理解和被尊重的，进而变得开朗自信起来。

在一次家庭聚会上，妈妈给来访的客人准备了很多食物。她的小女儿在大家品尝前“偷吃”了蛋糕。妈妈知道后，微笑着问女儿：“蛋糕是为客人准备的，是不是你的好朋友布布（玩具的名字）偷吃了蛋糕？”女儿不好意思地回答：“一定是她，她看到蛋糕时嘴馋了。”妈妈继续温和地对女儿说：“哦，那么请帮我转告布布，下次想吃蛋糕时，请提前告诉我，好让我为她也准备一份！”

假如这位妈妈直接问女孩：“是你偷吃了蛋糕吗？”小女孩一定会感到很尴尬，甚至可能撒谎为自己开脱。而这位妈妈用幽默的方式既保护了女孩在客人面前的自尊，又巧妙地对孩子进行了教育。

专家给父母的
管教课堂

父母如何提高幽默感呢？亲子教育专家成墨初认为父母应该这样做：

1. 不断地更新思维方式，打破墨守成规的习惯，接受新事物。

2. 提高语言表达能力，注重与形体语言的配合。

3. 常储备一些有趣的故事并加以润色，使之成为自己独特的小幽默。

第21招

非语言沟通，有时比语言更有效

什么是非语言沟通呢？儿童心理学家认为：非语言沟通是指运用恰当的身体动作、体态、语气语调、空间距离等方式来与孩子进行沟通。例如当你对女儿表示赞扬、喜欢时，可以拍拍她的肩膀，对她竖起大拇指，微笑，温柔地抚摸孩子的头等；而当你对孩子表达不满时，可以选择沉默地向她直视一眼等，这些都属于父母与孩子的非语言沟通。

语言学家艾伯特·梅瑞宾曾提出过一个著名的沟通方式：沟通的总效果 =7% 的语言 +38% 的音调 +55% 的面部表情。由此得出，人与人之间的沟通 93% 是通过非语言沟通进行的，所以父母们应该更加重视与女孩之间的非语言沟通。

一位母亲觉得自己和女儿沟通有问题，而且好像两人隔阂比较深。于是，她去请教一位专家如何改善与女儿的关系现状。专家在详细了解了她和女儿之间相处的情况后，对这位母亲说："你回去后要多多拥抱你的女儿。"这位母亲说："这根本不可能，我家那丫头总是躲着我，别说拥抱了，就连平时握手、搂肩膀这样的亲密接触都没有过。我们都觉得那样太不自然、太尴尬。"最后，这位母亲无奈地向专家求救说，"那我到底该怎么做呢？"

其实，现实生活中有很多父母和这位母亲一样迷茫，想知道自己应该怎么做。对于大部分中国父母来说，和自己的孩子进行语言沟通是情感沟通的重要途径，但这并不是唯一的方法，父母应该时常用语言、表情、动作和姿态让女儿体会到亲子之爱，尤其是在女儿遭受挫折的时候，你的一个爱的拥抱、一个鼓励的眼神、一句支持的话语就会让女孩在这些与父母的非语言沟通中，得到继续前进的动力、自信和勇气，这便是"非语言沟通"的神奇之处。

以下给父母们提供一些非语言沟通的方法：

方法一：借用文字、小动作等方式，向女孩传递你的爱

有一位父亲，想拉近自己与女儿的关系，他是这样做的：

我的女儿聪聪今年刚上高中，初中学习成绩一直很不错，上了高中后更加勤奋努力，她也因此取得了很多令人瞩目的成绩。作为父亲的我当然很骄傲，而且禁不住写了几篇关于女儿的文章，如《我优秀的女儿》《女儿，你是我的骄傲》，文中充满了对女儿的理解和骄傲。

一天下班后，女儿突然笑着对我说："老爸，我看到你写我的文章了。"

说实话我有点意外，便问她："你是怎么看到的？"

女儿说："文章不是都存在电脑里你的文档中吗？"

"呵呵，操作电脑方面你比我强太多了，那你觉得老爸写得如何？"

女儿笑着说："很不错！"

我听后没说话，而是笑着拍拍女儿的肩膀，表示一切都是因为她做得很好。

父母写文章赞美女儿，父母拍拍女儿的肩膀，这些都表示对孩子的鼓励和肯定，同时也表示作为成人的你愿意放下架子和女儿做朋友。千万不要小看这些，这些都是一种沟通方式，能迅速拉近父母与女儿之间的距离。

因此，当你的女孩伤心时，你也可以拍拍她的肩，或者温柔地把她搂在怀里鼓励一下，这都会给女孩带来莫大的精神鼓励，让女孩的情感得到抚慰。

方法二：学会微笑、点头，以此肯定女孩

一个5岁的小女孩正在餐桌前吃饭，她很想自己夹菜，这时，妈妈正好从厨房端了一盘女儿最喜欢吃的炒鸡蛋出来，女儿抬起头，看着妈妈把炒鸡蛋小心翼翼地放在桌子中央。

然后，这个小女孩拿起筷子，用征求的眼光望着妈妈。妈妈明白女儿的意思，微笑着向她点了点头。女儿高兴地夹了一块鸡蛋，津津有味地吃了起来。

上述事例中，妈妈和女儿没有说一句话，但她们之间的沟通却非常顺畅、非常温馨，相信每一位父母都希望自己和孩子之间的沟通能够如此，这也正是微笑与点头的魔力。因此，在平时的生活中，父母应该多用微笑、点头等非语言行为鼓励和称赞女孩，这样她就会更加有信心，做事效率也会大幅度提升。

专家给父母的

管教课堂

沟通有很多种方式，对此，英国教育家伊丽莎白·哈特利·布鲁尔给女孩父母们提供了以下几种方法：

1. 让孩子感受到你是在认真对待与她的谈话，激起她继续谈下去的兴致。

2. 当女孩想跟你说点什么的时候，首先你的眼睛要转向她，然后放下手中的家务或工作，把注意力转向她。

3. 观察孩子的面部表情，发现其背后的隐含意义，同时注意她的坐姿或站姿以及她说话的语气。

第四章

奖罚分明——激发女孩的上进心

怎样让你的惩罚对女孩更管用?

如何更有效地规范女孩的行为?

对女孩采取体罚是对还是错?

对女孩奖励的技巧有哪些?

对女孩奖励的“度”有哪些界限?

……

想要知道以上这些问题的答案,

想要让你的管教对女孩更有效果,

那就请走进这章寻找吧!

第22招

惩罚不是目的，改变才是关键

美国著名的儿童教育专家海姆·G.吉诺特曾说过：“惩罚不能阻止不良行为，它只能使罪犯在犯罪时变得更加小心，更加巧妙地掩饰罪行，更有技巧而不被察觉。孩子遭受惩罚时，他会暗下决心以后要小心，而不是要诚实和负责。”可见，父母一味惩罚女孩并不能解决问题，反而会影响她们反思，起不到任何改变。

但也有很多父母说：“不惩罚孩子根本起不到警示作用！”“你就是磨破嘴皮子，她也不听你的，还不如打一顿成效快！”“惩罚女儿，又怕对她的身心健康产生不良影响，真不知道该怎么办！”的确，左右为难的父母们不知道是惩罚好还是不惩罚好，其实教育孩子的过程中，惩罚并不是目的，改变才是关键。

有一位母亲在这方面就做得很好：

女儿苗苗在3岁之前，我从没惩罚过她。直至今日，我都认为在教育孩子的过程中，惩罚都不是最好的方式。“错误”是他们必须要经历的，也是父母无法杜绝的。这时，孩子最需要知道的是什么是正确的，如何改正错误，而惩罚并不能让她明白这一点。例如有一次，我和老公去接苗苗放学，可能那天女儿在学校心情不好，就捶了老公几下，甚至狠狠地踩了老公一脚。正巧那天，老公心情也不好，于是就打了女儿一巴掌，顿时女儿就痛哭起来。我马上蹲下来安抚女儿，并且等她情绪发泄完之后说：“宝贝，爸爸打你是他不对，不过，是你打爸爸在先，所以是苗苗先不对。要不，你先向爸爸道歉？”女儿扭捏了好久，老公也知道自己错了，主动讨好女儿。最后女儿想明白之后，偷偷对我说："妈妈，我知道错了，待会我就向爸爸道歉！"

这位母亲的经验很值得其他父母学习。除此之外，还有哪些教育方法可以对迷茫中的父母们有所帮助呢？

方法一：用"爱的温暖"惩罚女孩

有这样一个故事：

20世纪80年代，美国一家审判室内，一位因伪造母亲签名冒领1600美元被判了两年徒刑的19岁青年泰龙·维尔本，站在悲痛哭泣的母亲面前背起诗来："假如我被悬于高峻山崖／我知道，谁的爱仍会伴我飞向天涯／啊，妈妈，我的妈妈／假如我被打入地狱，身首异处／我知道谁还会不断祈祷为我祝福／啊，妈妈，我的妈妈。"原来，泰龙·维尔本悔改态度良好，当地律师事务所建议缓期执行，法官采纳的同时要求维尔本必须把吉卜林名诗《我的妈妈》当众背诵一遍。

法官为什么采取这种处罚方式呢？因为他想让年轻人知道，他的行为是多么让母亲伤心难过，同时也让母亲明白她的孩子已经认识到了自己的过错。教育的本质在于以生命唤醒生命，而惩罚的智慧在于唤醒孩子内心的良知，正确改变他人生的方向。一切正如教育家肖川说的那样：在我们教育实践中，特别是对待暂时在某方面后进的学生，要更多地给予他们温暖的感化，让他们多一份真诚的感动，唤醒、激活他们心中潜藏着的对于美好生活与美好事物的向往，这是与对人性乐观、光明、正直的期待相联系的。

方法二：父母要学会自罚

一位父亲谈起自己的教育经验，这样讲述道：

有一天，我和14岁的女儿约好一起去书店。谁知，女儿去电影院看电影去了，把我给忘到了脑后，直到电影结束后才想起来找我。女儿迟到了40分钟，我很生气，没想到女儿竟然还骗我说自行车坏了，因为修车耽误了时间。我对她说：“我已经打电话确认过，孩子你做错了事却没有勇气来承担，我真是教子无方，我决定走回去惩罚我自己。”当时天已经黑了，我在前面走，女儿在后面慢慢推着自行车跟着。就这样，本可以半个小时到家的路程却走了五六个小时。此后，女儿再也不说谎了。

上述事例中，女儿说谎犯错，父亲并没有发怒或惩罚女儿，而是选择惩罚自己。很显然，女儿说谎是为了逃避父母的责罚，但父亲发现真相后不但没有惩罚她，而是惩罚自己，这让女儿感到愧疚不安。正是父亲这种从孩子的过错中反思自己、勇于承担错误的行为，成为女儿日后模仿学习的榜样。

专家给父母的
管教课堂

国际著名亲子专家阿黛尔 · 法伯给女孩父母提供了一些代替惩罚的技巧：

1. 请孩子帮忙。
2. 明确表达强烈不同意的立场，但不攻击孩子人格。
3. 表明你的期望。
4. 提供选择。
5. 告诉孩子怎样弥补自己的失误。
6. 采取行动。
7. 让孩子体验错误行为的自然后果。

第23招

制定规矩，规范女孩的行为

我们都知道小孩子的自控力比较薄弱，他们就是“不长记性”，很多时候一件事情犯了错，下一次还会再犯，所以为了预防和纠正女孩的不良行为，父母有必要制定一些家庭规则，约束女孩的行为。

有一位父亲是这样做的：

我女儿艳艳今年上小学一年级，老师说她比其他同学懂事。从女儿能够理解我们的意思开始，我就给她定了简单的家规：自己穿衣、洗澡、系鞋带，每天八点半睡觉等等，而且我执行得很坚决，在女儿面前从不表现出心软。女儿几年坚持下来，我发现她养成了很好的生活习惯：每天自己起床、穿衣，自己吃早饭，上学也不让大人送，晚上写完作业看一会儿动画片就洗澡睡觉，也不吵着晚上让妈妈陪着睡。无论是在学习上还是在生活上，女儿都不让大人操心。

这位父亲的教育方法值得其他父母一试。其实，父母不要因为孩子小或因为是女孩，就放任她犯错，而不去纠正或规范其行为。那怎样才能让女孩少犯错，进而培养其良好的品格和生活习惯呢？最有效的方法就是为女孩制定规矩，让她做事有章可依，知道父母的“极限”在哪里。

例如：你可以给女孩制定规范，早晚要向家人问好；有事离家外出或晚回，要及时向家人打招呼；周末或节日邀请朋友来家里前要征求家里人的同意；不要乱翻家里其他人的东西；接受别人的帮助要说“谢谢”；某些不适合孩子观看的电视节目，要严格限制，等等。

除此之外，还有一些方法可以帮助父母教育女孩：

方法一：让女孩明白家规的目的和意义

父母在制定家规规范女儿行为前，一定要让孩子明白你制定这些家规的目的和意义。例如，如果你的家境不好或暂时经济困难，要让孩子了解自己的家庭背景，理解父母的诚实劳动，进而让她变得积极向上、自强自立；如果女孩的生活习惯或学习习惯不好，你就要告诉她制定相应规则会对她产生的好处，以及不这样做会产生的坏处，像看书要坐直，趴着看书很容易近视等。

相信女孩在深刻了解父母制定家规的目的和意义后，会感受到父母对她的那份关爱和疼惜，她们也会把这种有意识的教育渐渐变成自己的自觉行为。

方法二：别把规则制定得太苛刻

父母制定规则不是为了控制自己的女儿，而是为了培养她良好的品德和习惯。但事实是很多父母对自己女儿提出的要求过于苛刻，他们制定的规则远远超出了女孩能接受的程度，甚至有些规则我们大人都难以遵守。

下面这位妈妈就犯了这样的错误：

俗话说“无规矩不成方圆”，为了避免上学后女儿总是犯错误，我就给她制定了一些规则。例如不要和陌生人说话，周末不能出去玩，有时为了孩子的安全考虑，我不让她参加学校组织的春游或秋游活动……如果女儿违背了这些定下的规矩，我一定会责骂她一顿或打她几下，让她记住“什么事情该做，什么事情不该做”，免得事后出现问题后悔。

制定不合理的规则，只会使女孩的正常行为受到严重的束缚和压制。这位母亲的出发点是为女儿好，但是她采取的方法和规则的内容则是不合理的。这样要求下去，女孩很容易产生两种不良后果：一是女儿那些正常的行为因为这些不适当的规则而受到压制；二是因为女儿无法遵守这些不合理的规则，而使它们形同虚设，会使女孩产生“妈妈的话可以不听”，“规则可以不遵守”的想法。

方法三：规则一定要简单易懂、实用

父母在给女孩制定规则时，一定要简单易懂，让孩子容易遵守。例如，吃饭前应先洗手，让长辈先用餐，学会文明用语，对女孩进行遵守交通规则和保护环境的教育，像如何过马路，遇到火灾、地震怎么应急处理，如何学会帮助爸爸妈妈进行垃圾分类，等等。这些规则很简单很具体，女孩也容易学和模仿。另外，你一定要明确告诉女孩不遵守规则的后果。

专家给父母的

管教课堂

英国教育家伊丽莎白·哈特利·布鲁尔曾说，“规则有助于减少冲突”，所以她认为女孩父母应知道这些：

1. 所有孩子都喜欢规则带来的安全感。

2. 遵守家庭规则，有助于她们日后遵守法律。

3. 如果父母认为能够控制事态发展，那就坚持优先原则，在自己最关心的问题上坚持规则不变。

第24招

不要体罚女孩

社会学家默里 · 斯特劳斯的一项教育研究报告表明：当父母打算用体罚手段来减少孩子不听话的行为时，其长远效果往往适得其反。要知道，体罚孩子，只会使孩子的行为更加不规矩，起到反作用。

1988～1990年，这位社会学家的研究小组公布了一组数据，他们对美国807名6～9岁的孩子父母进行了调查，结果表明：有一半父母表示，在接受调查前的一周内曾体罚过孩子，而如果不考虑像家庭的社会经济水平、父母给予孩子温暖和支持的程度等因素外，父母体罚孩子越频繁，孩子就越不听话。

体罚孩子不仅会让女孩欺骗、撒谎、刻薄等行为加重，而且还会影响她的智商。美国相关研究人员表示：孩子被打得越多，心智发展就越慢，哪怕打得少也会有影响。

因此，父母惩罚女孩时，绝不要采用体罚这种手段，而是应该找出其他更为有效的管教方法。下面就给父母们提供一些建议：

方法一：把女孩当成能思考的“成年人”

父母动不动就抡起拳头打孩子，其实是一种很“幼稚”的行为，而且这种行为是最伤害孩子身心的恶劣行为。这个世界上没有立竿见影的快速教育，我们教育孩子是一个长期而复杂的过程。在这个过程中，你不但要学会如何拿捏“度”和“力”，更要学会拿出“心”。你要把孩子当成年人一样看待，给予他们应有的尊重和理解。

当然，在中国还是有很多父母执著于“棍棒出孝子”这一传统教育观念，下面就是真实发生的事情：

最近，人们发现商业街的几家藤器店突然出现了很多藤条，有很多年轻的父母专程赶到藤器店购买藤条作为“教鞭”惩罚孩子，因此藤条又火热了起来。藤器店的老板说：“现在的孩子难管，不少年轻家长都冲着‘藤条’来店里询问，每条只要1元，一天就能卖出去十几条，听说还很管用。前两天有个爸爸来买，说是近期孩子不听话，买个藤条回去威吓孩子一下，让孩子‘服服帖帖’，不气人。”

现在的孩子大多是独生子女，比较娇气和淘气，而很多父母忙于工作，所以教育孩子比较缺乏耐心，习惯选择老一套办法——打。

儿童教育专家认为，打不是好办法。教育孩子最重要的是用真情感化孩子，并给予孩子尊重和理解，然后以符合道德规范的言行作为孩子的榜样，给孩子创造一个优良的家庭环境，“以理服人”才能起到理想的教育效果。

方法二：在举手前，给孩子一个“申辩机会”

有一位妈妈记录了她和女儿之间的一件事情：

一天我刚下班就接到学校老师打来的电话，说是女儿悠悠竟然在学校里欺负同学，还把一个女生的门牙打掉了。我看到客厅里像个没事人似的女儿还在高兴地看电视，心中的怒火就更大了，本想扇她几巴掌让她长长记性，但转念一想，还是给她一个“申辩机会”。

“悠悠，把今天学校里发生的事情给妈妈具体讲讲吧！”我坐在女儿身边。

悠悠其实也有一些紧张，担心我打她，不过她还是很仔细地把前因后果给我讲清楚了，原来那个被她打的同学先是欺负了别的同学，女儿看不过才“仗义出手”的。事情虽然是这样，我还是批评了女儿不该动手打人，并且告诉她帮助别人还有很多更合适的方法。最后在我的引导下，女儿认识到自己的错误，并对我说会在明天向对方道歉，而且她也接受了我的惩罚——刷碗一个星期，以示惩戒。

这位妈妈做得非常明智。如果她不问青红皂白就打女儿一顿，不但让孩子觉得委屈，而且也无法从根本上让孩子意识到哪里做错了，妈妈和女儿之间的关系也会出现裂痕。所以，如果你要惩罚犯错的女儿，绝不要采用体罚，而是给她申诉的机会，教她明白做人的道理。当然，你也可以像这位妈妈一样，给女儿一些不伤害身心又能增强孩子能力的小惩罚。

专家给父母的
管教课堂

儿童心理学家海姆·G.吉诺特曾发出这样的疑问："如果打孩子这么有效，为什么对它有如此不安的感觉呢？"他认为：

1.体罚的最大副作用就是它可能会阻碍孩子道德良心的发展，轻易地消除孩子的内疚，因此父母应学会采用更好的方法来对孩子进行限制。

2.我们不应该把体罚作为对孩子的挑衅或者愤怒情绪的回应，而是应该向孩子展示我们的聪明才智，为愤怒的情绪找一个更文明的发泄渠道。

第25招

对女孩进行奖励要掌握技巧

现在父母奖励女孩的方法和心得越来越多，比如："女儿考试得第一名，我就奖励她 100 块钱！"；"如果女儿听话，我就会给她买很多零食和玩具作为奖励！"；"这学期女儿如果表现不错，我就送给她一些礼物"……奖励的确能够调动女孩的积极性，激发她继续向更好的方向发展，但奖励不应该是盲目的和高物质的。

很多时候，只要父母在教育女孩的过程中换一种角度或方式效果会更佳。那么奖励女孩具体有哪些方法呢？下面就给女孩父母们提供一些方法：

方法一：奖励形式一定要多样化

情感奖励、精神奖励、物质奖励和活动奖励是深受女孩欢迎的四大类。具体来说：情感奖励包括拥抱、微笑、关注、拍肩、鼓掌、抚摸、眨眼等；精神奖励包括对女孩的成长表示肯定、鼓励、赞叹、满意、佩服、尊重和欣赏等；物质奖励包括买女孩喜欢的零食、图书、服装、玩具或直接给钱等；活动奖励包括孩子与父母一起去公园、旅游、做户外游戏等。

面对这么多的奖励类别，父母该选择哪一种，又该如何恰当运用呢？心理学家给出的建议是：多样化的奖励方式比单一的奖励方式更能起到教育孩子的效果。因此，奖励女孩时，父母一定要坚持多种奖励方式相结合。

薇薇最近一段时间学习不太积极，妈妈就问她为什么会这样。薇薇说："我怕答错或读错被别人笑，所以不好意思站起来回答问题。"为了克服女儿的心理障碍，妈妈为她特制了一张日历表，如果女儿在课堂上表现良好，例如主动回答一个问题，就可以得到一个五角星，当她一周累计 5 个五角星的时候，就可以在周末奖励她到文具店买一个最喜欢的文具。五角星得到的越多奖励就会越多，例如得到 6 个五角星，可以让女孩选择看电影、去游乐场；得到 7 个五角星可以晚睡半小时。经过几个星期的奖励后，薇薇变得自信多了。

方法二：要明确奖励使用的范围

什么时候该奖励女孩、如何奖励女孩、用什么奖励女孩……一般来说，当出现以下这些情况时，父母应该给予女孩表扬奖励：

女孩完成了对她而言具有挑战性的任务时；

女孩以独特而有效的方式完成任务时；

女孩表现出我们所渴望的行为、态度和良好的习惯时；

……

出现上述情况，表扬、奖励女孩，不仅有利于培养女孩的自信心和进取心，而且对培养她的创造性以及相应的行为习惯都大有益处。

专家给父母的 管教课堂

奖励需要讲究技巧。意大利儿童教育家蒙台梭利的建议是：

1. 奖励女孩的规格不宜过高，最好限于学习用品或女孩喜欢的小物件。

2. 父母要注意掌握奖励的时机和频率，不要太频繁，也不要几个月没有一次。

3. 当女孩出于兴趣而表现出好的行为习惯时，父母不要给予她太多奖励，这样只会削弱女孩的兴趣和上进心。

第26招

奖励女孩要把握好“度”

“如果这次期末考试你能进班级前十名，爸爸就奖给你100元！”“女儿，英语过六级，妈妈就给你买台电脑！”“你要是能考上重点高中，爸妈就带你出国旅游！”……如今这些话语我们经常可以从父母的嘴里听到，为了能让女儿好好学习，他们不在乎奖励孩子什么，甚至不考虑奖励孩子多少，只要能刺激孩子发奋努力，父母愿意兑现任何奖励的承诺。

安然是一名四年级的小学生，平时学习成绩属于中上等，爱好上网和看书。爸爸为了刺激她学习，就跟她定下了一个约定，如果她期末考试平均分能在95分以上，家里就给她买台电脑。结果，安然期末真的达到了爸爸的要求，于是，爸爸也遵守承诺，带安然去电脑城，买了一台5000多元的笔记本电脑。可后来爸爸发现，买了电脑之后，安然将全部精力都放在了网络上，根本无法继续安心学习，学习成绩一落千丈。

其实，为了让女儿好好学习，父母给予一定的奖励是必要的，因为奖励可以刺激孩子暂时的上进心，但过度的奖励和不恰当的奖励很容易造成适得其反的效果。对此，心理学家认为，奖励可以用于孩子良好行为的形成或不良行为的消除，不过用什么作为奖励物，奖励时机如何选择，奖励的“度”如何把握等，这些都是大有讲究的。父母们不妨参考以下教育方法：

方法一：奖励女孩不宜过多、过滥

过多、过滥的奖励，一方面会让女孩变得对奖励“上瘾”，于是对自己所做的任何琐事都期望得到父母的奖励；另一方面也很容易使女孩走上极端——对奖励的兴趣远远高过对事物本身的兴趣，于是那些有父母奖励的，她就积极去做；那些没有奖励的，便不想去做。长此以往，女孩会对父母的奖励效应产生“免疫力”，进而失去奖励应有的教育效果。

心理学研究也表明，过多的奖励会使孩子形成在别人的评估下学习生活的习惯，久而久之会使孩子失去自己的主见，变得善于察言观色和过于注意他人的评价。而等孩子渐渐长大，为了得到称赞或为了别人的看法而学习和生活，那她将非常痛苦，甚至不得不伪装自己，失去应有的是非观、个性、价值观和自信心。

因此，作为女孩父母，我们应该努力创造条件，让女孩从活动本身带来的成功和快乐中得到强化，从自律中得到满足，然后给予她适时适度的表扬奖励，让她更自信地创造自己的生活。

方法二：奖励不能过高，也不能过低

奖励女孩一定要适度，不能过高也不能过低，而且条件是要经过努力而达到的，而不是她轻易就能做到的，更不是那些平平常常的事情，让孩子去做没有难度的事情而给予她奖励，这就失去了奖励的实际意义。

方法三：奖励女孩应以精神为主、物质为辅

随着人们生活水平的提高，父母给自己孩子的奖品也在“涨价”，从以前的铅笔、橡皮到现在的高科技电子产品，甚至很多父母以金钱做物质奖励。这样只会养成女孩的功利心和虚荣心，对她的成长没有一点儿好处。

其实，父母给予女孩的奖品最好以精神为主，而物质奖励只能作为辅助性奖励，因为太多的物质奖励会让孩子迷失方向。即使运用物

质奖励，最好只限于学习用品或女孩喜欢的其他物件。

每当女孩取得一次好成绩或做了一件好事，如果父母当众夸奖和鼓励女儿一番，或是给予肯定赞许的眼神或微笑，都会温暖女孩心灵，满足她的荣誉感和自尊心，进而激励她继续上进。

专家给父母的
管教课堂

奖励和表扬是教育女孩时必不可少的手段，但奖励也要有“度”，前苏联教育家苏霍姆林斯基的教育经验是：

1. 父母奖励女孩的目标要适中，不能定得太高。
2. 奖励的条件必须是孩子努力能达到的。
3. 不用金钱奖励女孩。

第五章

善用赞美——好女孩都是夸出来的

你懂得赞美女孩吗?

你知道要及时称赞女孩做对的事情吗?

你了解要赞美女孩的努力，而不是聪明吗?

你会从多角度赞美女孩吗?

你是否会用赞美纠正女孩的缺点?

……

如果你的答案是否定的，

那么还犹豫什么呢!

赶紧翻看这章吧!

里面不但有最正确的答案，

还有最有效的教育方法供你借鉴。

第27招

多角度赞美，让女孩更自信

一位心理学家曾到一所中学做调查，他让每个学生说出自己的优点，没想到谁也说不出来。为什么会这样呢？心理学家找个别学生了解，得知他们父母平常说的话尽是："你怎么这么笨？""连这个都不会？""你看人家某某"，久而久之，孩子也就想不到自己还有什么优点了。

希望得到别人的赞扬和认同是人的天性。心理学家对儿童所做的心理测验表明，当一个疲惫的孩子受到赞扬时，她会产生一种明显的新的向上的力量。相反，当孩子得不到赞赏或受到批评时，她现有的体力也会戏剧性地减退。

美国成功学的创始人拿破仑·希尔在回忆自己的童年时曾说过："当我是一个小孩时，我被认为是一个应该下地狱的人。"可这一切因他父亲的再婚而改变了。在继母走进他的房间时，他父亲说："这就是拿破仑，是希尔兄弟中最捣蛋的一个。"可继母并没有在意父亲的话，而是用最亲切的语调说："这是最捣蛋的孩子吗？完全不是，他恰好是这些孩子中最伶俐的一个，而我们所要做的，无非是要把他所有的伶俐品质发挥出来。"继母用她浓厚的爱和不可动摇的信心造就了一个新的拿破仑·希尔。

心理学家威廉·杰姆斯曾说过："人性最深层的需要就是渴望别人的赞赏，这是人类之所以区别于动物的地方。"成功是每一个女孩都非常渴望的。只有每一次小成功累积起来，才能渐渐铺就孩子的大成功。每一个细小的成功都能够带给女孩无限的信心和动力，女孩就是在不断的成功中学习的。而赞美正是催人奋进的因子，它可以开拓失败者前进的空间，不断激励胜利者昂扬的斗志。

女儿每天得几面“红旗”，父母也许不以为然。而这几面“红旗”就是她们的几块金牌。它对女孩心灵的滋润，是我们所无法想象的。

女孩的成长离不开鼓励，父母应该学会从多角度赞美自己的女孩，不断增强孩子的自信心和上进心。

方法一：正面强化，赞扬女孩众所周知的优点

孩子在表现优秀的时候，最期望听到爸爸、妈妈的鼓励与肯定。

积极的正面肯定，能使女孩感受到父母发自内心的爱和喜悦，给她带来愉快的心理感受，强化她正面的表现，促使她努力做得更加完美。

方法二：独辟蹊径，赏识女孩的与众不同点

世界上没有两片完全相同的树叶，也不会有两个相同的女孩，每个女孩都有自身的特点，有着轻微自我封闭倾向的女孩，有时更会令大人觉得难以理解。这些特点是女孩人格的一部分，简单的斥责和生硬的要求只能激起女孩的逆反心理，把她推向不健全人格的深渊。

慕儿性格有些内向，常被小朋友冷落。因此她不太喜欢出门，闲下来时就给家里的小狗洗澡、梳理皮毛，把学习和生活中发生的事编成故事说给它听。慕儿的父母担心孩子将来不能与人和谐相处，但转念一想，光着急也没有用，还不如引导孩子把说给小狗听的故事记录下来。慕儿妈妈把孩子记下的故事投到儿童杂志，竟然有几篇发表了，让慕儿感到了成功与快乐。不少小朋友也开始要求慕儿讲故事给他们听，时间长了，慕儿的性格逐渐变得开朗起来。

所以，发现女孩具有负面的性格特点时，父母先要反省自己的教育方式，寻找孩子特殊性格中的积极因素，因势利导，帮助女孩走出狭隘的天地，在人际交往和社会生活中找到更多的乐趣，逐渐成为一个优秀的女孩。

方法三：全面肯定，赏识女孩小小的优点

调皮的豆豆常会给父母招惹一些小麻烦，但有时也会主动做些好事，把摔倒的小朋友从地上扶起来，帮粗心的阿姨找到丢在角落里的钥匙……看到女儿帮助人的时候，父母总会充满喜悦地赞扬孩子：“豆豆真懂事，这么小就知道帮助别人，将来长大了一定会了不起！”在父母的赞扬声中，豆豆一天天懂事了，不再沉湎于捉弄别人带来的小小乐趣，而把精力转移到帮助别人上。

父母发自内心的赞扬是引导女孩走向真、善、美的动力。父母如果老把眼光盯在女孩的过错上不放，就会心生焦虑，对女孩的教育缺乏耐心与信心，会导致女孩往消极的方向发展。在纠正女孩捣乱等不良行为的同时，用心发现她身上的优点，细心捕捉她的每一点进步，及时加以肯定和鼓励。这样，女孩会逐步改掉不良习惯，强化优秀的品质。

专家给父母的管教课堂

父母恰当地赞美能够成功激发女孩对学习和生活的热情和欲望。对此，前苏联教育家苏霍姆林斯基给出了女孩父母这样的方法：

1. 赞美女孩应客观、真实，不要以偏概全。
2. 对不同年龄的孩子应用不同的方法。
3. 当着其他孩子的面褒奖孩子的良好品行。

第28招

赞美女孩要及时，更要掌握技巧

一位心理学教授做过这样一个测验：

他在某次期中考试之后，分别在不同时间段，对两个班级成绩差不多的两组学生做出了评价。他对第一组孩子选择表扬的时间是在成绩出来的当天，他说："你们这次考得不错，表现得很聪明，下次要继续努力啊！"而对第二组孩子的表扬时间选在了第二学期的开学之后，他对这组孩子说："你们上学期期中考试成绩很不错！"

第二学期期中考试的时候，教授发现，第一组孩子的成绩提高很快。问及原因，这些孩子说，是教授表扬的话让他们产生了自信；而第二组孩子的进步就比较缓慢，虽然教授也赞扬了他们，但是因为时间隔得太久，迟来的表扬对他们没什么特别的感觉，所以他们不像第一组孩子那么积极学习。

通过这个心理测验，我们可以得出一个结论：及时赏识和表扬，对孩子产生自信心和激发潜能的效果是最好的。假如女孩取得了优秀的成绩，你间隔很久才赞美她，那么赞美便发挥不出效用，反而会让女孩产生失望和挫败感，认为你当初不够重视她。

那么，女孩父母具体要怎样赞美，才能让教育发挥最大功效呢？如下两点技巧，可供你参考。

方法一：找到女孩的优点，进行鼓励

鼓励的话语任何一个孩子都喜欢听，无论她多么优秀，即使是天才也需要从自己的成果中获取进一步发展的动力。父母要引导女孩客观地评价自己，看到自己的优势和长处。

有一位母亲的育女经验是这样的：

彩霞一直都是个不自信的孩子，有时候自己明明可以做到的事情，也会胆怯地向我投出求助的目光。我后来知道这是因为我平时对她比较严厉，经常批评她的缺点而忽略了她的优点，慢慢形成了女儿对自己的评价偏低造成的。于是，我就开始有意无意地夸奖她，即使她做了一件很小的事情，我也会摸着她的头给予赞美的微笑，并鼓励她。在我的赞美和鼓励中，女儿变得自信多了。

方法二：赞美女孩，表情和言辞不必太夸张

父母赞美女孩，不需要使用太夸张的表情和言辞。一定要注意把握分寸，因为凡事过犹不及。如果本是一件很平常的事，而你赞美得太夸张、太过分，就会给女孩一种虚伪的感觉，会让女孩心底讨厌，或者对表扬本身失去兴趣；反之，也许你对女孩轻轻点点头，微微一笑，竖起大拇指，或者几句悄悄话，效果可能就不一样。女孩会从你这些细微、温暖的言行举止中受到激励，继而产生动力，做得更好。

专家给父母的管教课堂

美国著名的儿童心理学家海姆·G.吉诺特认为，赞美包括两部分：我们对孩子说的话，以及孩子听了我们的话后在心里跟自己说的话。对此，他给父母的教育方案是：

1. 言辞中要传达对孩子的努力的肯定、尊重和理解。
2. 表达中要充满欣喜和赞赏。

第29招

肯定女孩的每一个小进步

13岁的马艳是班里的“问题女孩”，常常与同学吵嘴、打架，她的学习成绩更是糟糕透顶。班里的同学一见到她，都躲得远远的。

有一天，马艳又惹祸了。因为她看不惯班里的一个男生欺负女生，便与那个男生大打出手。马艳的老师及时赶来，叫走了她。老师温柔地问：“告诉我，马艳，你最大的愿望是什么？”马艳想都没想就说：“我没什么愿望。”老师摇摇头，对她说：“马艳，你辜负自己了！我很看好你，你虽然小毛病很多，但是却远远少于你身上的优点，你善良，喜欢帮助同学……将来一定会有所作为。孩子，好好努力吧，你可不要辜负自己啊！”

马艳从老师肯定的目光和话语中受到了激励，她相信老师说的话是不会错的，从那天开始，她就认为自己将来是美好的。于是，她开始改变自己，每天把大量的时间花在功课上，成绩迅速提升。

早在很多年前，心理学家就得出：一个人心灵深处的信念，其实存在着一种能量场，通过这个“场”，你能把心中认同的信念能量传递给你身边的人，就像故事中的老师一样，他心中认为马艳能成才，并把自己心中的这种信念传递给了她，于是这种肯定积极的信念就变成了马艳努力的动力，鼓励着她一直朝这个信念前进。

在一项调查中发现，女孩喜欢某一门课的学习，那是因为她们放学回家后有人愿意听或看她们的学习汇报，并肯定她们的进步，比如有的女孩说“我喜欢舞蹈课，因为回家后可以表演给爸爸妈妈听或爷爷奶奶看”、“我喜欢画画课，因为回家后可以画给爸爸妈妈看”、“我喜欢折纸课，因为回家后可以折给妈妈看”……如果父母对自己女孩的学习成果不屑一顾，那她的学习态度和学习积极性肯定是不一样的。

父母赞美女儿亦是如此，如果你从一点一滴开始肯定孩子，那她就会慢慢变得自信、积极，继而获得更大的进步。

方法一：当女孩进步时，予以表扬和鼓励

任何微小的成功，都能增强女孩的自信。一个女孩，当她写好一个字，做对一道题，钉好一枚钮扣，洗净一双袜子，擦净一次地板时，她都有成就感，会期望自己下一次做得更好。作为父母，给女儿帮助，让她有点滴的成功体验，并不是多么难的事情。这就是大处着眼，小处着手。在女孩取得每一个小进步时，予以表扬和鼓励。肯定性的语言很多，父母应该多用、多创造，像“你的碗洗得真干净”、“你真能干”、“我真为你的善良感到骄傲”等等，都有助于女孩自信心的养成。

方法二：在女孩“退步”时，别忘记给予鼓励

对于做事缺乏信心的女孩，特别是那些敏感的女孩，在不断肯定她们的微小进步、指出她们的闪光点的同时，要给予她们一定的心理暗示：“你能行”，“你再努一把力就成功了”……

如果父母不识时务，在女孩受挫折的时候提出批评，会非常打击她们的自信心，从而越来越不相信自己。所以，当女孩受挫折时，父母应该给予她们鼓励和支持，帮助她们尽快从失败的阴影中走出来。

方法三：对女孩要寄予合理而适度的期望

一谈到女孩的教育问题，几乎大多数父母都有“恨铁不成钢”的同感，其实在这种期望的背后，具有不可忽视的消极后果。心理学家研究表明，家长不顾及女孩的现实基础，对其期望过高，会严重影响其能力的发挥。

因此，建议父母在对女孩的教育方法上，应符合“跳起来摘桃子”的量力发展原则。即要为女孩树立一个既不是过于容易，又不是高不可攀的发展目标。然后，将自己的期望转化为肯定，鼓励女孩朝着目标努力。

我们不要指望女孩一日千里，只要她“每天进步一点点”就可以了。当然，我们也不能要求女孩在所有方面都很优秀，只要她坚定地按计划奋进，就要鼓励她坚持到最后。

专家给父母的
管教课堂

亲子教育专家成墨初认为，肯定女孩的进步会让她更加自信和努力。他的建议是：

1．肯定女孩要及时，并要言之有物，避免空洞和虚泛。

2．肯定女孩时要配以恰当的肢体语言，如点头、微笑、拍肩膀等。

3．父母要肯定女孩在失败和挫折中值得肯定的地方。

第30招

赞美女孩的努力，而不是聪明

哥伦比亚大学教授卡萝 · 杜薇克的研究团队曾做过这样一个实验：

这项实验先安排50名五年级学生做一份IQ测试题，完成后，研究人员随机把学生分为两组，一组学生被称赞“不错哦，你一定很用功”，而另一组学生则被称赞“不错哦，你一定很聪明”。随后，两组学生再次接受测试，这次他们可以自由选择试卷，一份比上一份难度高，一份则难度差不多。研究人员发现，被赞“聪明”的学生几乎全部选择简单的那一份，而被赞“用功”的学生则会主动表示想接受挑战，选择难度较高的试卷。接着，两组学生接受第三次实验，不过这次是一份较难的中学试卷。研究人员发现，被赞“聪明”的学生在考场上一直冒汗，面色不佳，而且成绩较之前倒退不少。相反，被赞“用功”的学生，不仅成绩比上次进步很多，还表示很喜欢这样的挑战。

由此，我们可以得出一个结论：被赞“聪明”的孩子会不懂得努力，变得没恒心、没毅力，功课一退步就再也起不来，而被赞“努力”、“用功”的孩子，在学习上积极性更高一些。

秋珊今年上小学五年级，就读于一所重点小学。打她会走路起，就不时听别人夸她聪明。在入学的智力测验中，她的IQ排在全校前几名。

但是，秋珊一年年地念上去，这种自知很聪明的意识却没有转化为面对课业的大无畏信心。事实上，爸爸发现情况正相反。“秋珊很不愿意尝试她不擅长的东西，”她爸爸说，“有些事情她很快就上手，但如果不是她擅长的，她会马上放弃，就说我不会。”秋珊看所有事情有个二分法，一种她天生就会，另一种她不会，怎么划分往往看一眼就决定。

例如，她低年级时，拼字不太好，她干脆就不开口拼字。数学课讲到“分数”，她一眼看上去就不愿学。最大的障碍出现在三年级，学校要求学写楷体字，她却一连几星期都不愿学。后来老师要求所有作业都必须用楷体字完成，秋珊干脆不写作业了。爸爸跟她讲道理：“你很聪明，并不表示你就不必用功呀。”到最后，秋珊的楷体字是学会了，但耗费了父母很多精力。

脑力一流的小女孩，为什么会自觉没能力应付平常的课业挑战呢？如果父母经常赞美自己的女孩“好棒”、“好聪明”，那会带给她什么影响呢？是“对自己更有信心，更能迎接挑战”，还是“更不懂得努力，更喜欢耍小聪明”？相信绝大多数中国父母都会选择前者，但来自美国的最新教育调查报告又来震撼我们的神经了：家长经常夸女孩“聪明”是不对的，很可能会害了她！那么，父母应如何做呢？

方法一：鼓励女孩的后天优势，而不是先天优势

念瑶学东西总是比别的孩子慢半拍，为此，她的父母非常苦恼。念瑶上小学了，当父母都认为念瑶不会有什么好成绩的时候，念瑶却带回了一张100分的试卷。“这是你的卷子吗？”爸爸吃惊地问念瑶。

“当然是我的，上面有我的名字啊！”念瑶自豪地对爸爸说。

“念瑶真不错，告诉妈妈你是怎么考出这么好的成绩的？”妈妈问道。

“老师讲课的时候我有时会听不太懂，所以下课之后同学们都出去玩，我就把不懂的地方拿去问老师，老师再给我讲一遍，我就全懂了。做作业的时候如果有不会做的题，我就把老师讲的课再复习一遍，不会做的题也就会做了。所以考试的那些题目我都会做，就考了100分。”念瑶高兴地对妈妈说。

听了念瑶的话，妈妈的眼圈一下子红了——虽然自己的孩子算不上聪明，却如此勤奋努力。

总是夸奖女孩聪明，随着时间的推移，女孩会开始把好的结果与

脑子聪明画等号，逐渐形成过于良好的自我感觉，使自己对自我的认识和评价与自己的实际能力发生偏离，并且只有成功的打算。如果她把事情做得很好，她就认为那是自己聪明。一旦她受到了挫折，她将很可能为此断定“我并不聪明”，随后失去了学习的兴趣。如果女孩没有失败的准备，结果不仅是承受不了失败的打击，也必然会反复遭受失败的打击，最终导致一蹶不振。

父母若想激励女孩在学习上取得更好的成绩，最好的办法不是赞扬她如何聪明，而是鼓励她刻苦学习。聪明是先天的优势，而不是值得炫耀的资本和技能。但努力则不然，它是后天的，应该予以肯定。

方法二：鼓励女孩寻求更多的挑战

很多父母在鼓励女孩时，会说出这样的话：“你的努力没有白费，你的画实在太漂亮了！”“你的字练得真好看。”这样的话无疑很让女孩受用，然而，要是再加上“但是我觉得……”就更好了。在表扬的同时，向女孩提出自己的建议，这样可以让孩子更容易接受和改进。无论我们的女孩表现是“不错”还是“很好”，家长都要为下次的表扬留有余地，鼓励女孩寻求更多的挑战。

专家给父母的
管教课堂

英国教育家伊丽莎白·哈特利·布鲁尔认为父母应该多赞赏女孩，具体方法是：

1. 赞赏要明确、具体，而不是笼统地夸奖她的出色和聪明。

2. 赞赏女孩的理由可以有很多，例如女孩的思维能力、社交能力、身体运动能力等。

3. 即使能干、出色的女孩，她们付出的努力，也需要得到父母的认可。

第31招

用赞美纠正女孩的缺点

有一位教育家曾说：当孩子犯错误时，我们应该先避开错误的实质，把孩子从错误的阴影中带出来，带他们走向温暖的“阳光”，打开他们的心锁。这也就是说，赞美像温暖的春风会逐步吹掉孩子身上那些阻碍其健康发展的缺点或错误。

有一位父亲的教育经验是这样的：

女儿今年刚刚上小学三年级，因为我调动工作的原因，女儿也转到了新的学校。开学才刚刚三个星期，女儿就已经拿回家七八颗小红星了，大家都夸女儿在新学校表现好。

一天，我下班去接女儿放学，正巧在校门口遇到了女儿的班主任，于是就开心地当着老师的面问我女儿今天有没有得小红星，谁知女儿支支吾吾地不作声。

第二天，我给女儿的班主任打了一个电话，这才从老师的口中了解清楚，新学校并不给表现好的孩子发小红星，女儿拿回家的小红星都是她在手工课上自己剪出来的。

我对于女儿这种行为很生气，我认为像孩子这种弄虚作假、不诚实的行为，应当受到严厉批评，但是妻子却认为不能这样粗暴地对待孩子。于是她给女儿做了一个“表扬本”，告诉女儿，如果女儿觉得自己表现好，就把自己的表现告诉她，她就会在女儿的“表扬本”上画一颗小红星，但前提是女儿不能再说谎。

像上述案例中的小女孩的行为，生活中父母会经常遇到，有些女孩会为了不挨家长批评或者为了满足自己的小小虚荣心，就把自己的考试成绩篡改，如果我们单纯因为孩子说了谎就责备她，只会打击女孩的自信心和自尊心，这时我们应试着用善意的方法引导女孩善意的愿望，这才能起到积极的效果。

当然，当女孩犯了错误或者缺点凸显时，很多父母还是习惯扮演“批评者”和“强权者”的角色，这其实忽视了教育有时也有负作用，那就是当我们一味“强硬”时，“不经意的严厉批评”和“恨铁不成钢的指责”会让女孩裹紧身上的大衣，引发一些心理问题，诸如自卑、孤僻自闭等，甚至产生报复心理，专门和父母作对。因此，女孩父母不妨参考以下教育方法：

方法一：接纳女孩的缺点，赏识其优点

“金无足赤，人无完人”，每个女孩都会有这样那样的不足，正确的做法应该是用宽容和鼓励帮助女孩建立自尊、自信和自我价值，并在宽容和鼓励的过程中赏识她，与她建立良好的亲子关系，使女孩对新事物、对学习保持高度的兴趣。

蓉蓉和晴晴上同一所幼儿园，两个孩子都非常聪明可爱。一次，幼儿园老师给她们布置了10道简单的算术题，让她们回家做，并让父母检查。

晚上，蓉蓉把做完的作业给妈妈看，妈妈看完了，对蓉蓉说：“蓉蓉真聪明，一共10道题，我们蓉蓉做对了9道，还有一道题也只是和正确答案差了一点点。6+7等于13，你的答案是12，只差一个。现在你来算算，6+7等于几啊？”

“是13。”

“不错，以后继续努力哦！”

蓉蓉听完妈妈的话，心里美滋滋的，同时认认真真地把做错的题改了过来。

晴晴把做完的作业给爸爸看。爸爸看了一遍，非常生气地对她说：“6+7怎么会等于14？你怎么算的，这么简单的题都算错了，以后怎么办？”晴晴低着头听完爸爸的训斥，一晚上都没有再说一句话。

后来，两个小女孩都上了小学。虽然蓉蓉和晴晴的天资和努力程度都差不多，但是她们从父母那里得到的却完全不同。蓉蓉的成绩一直在全班排前三名，而晴晴却从来没有进过前十名。

这个例子说明：宽容和苛刻，造就了两个完全不同的女孩。所以，作为父母我们应该接纳女孩的缺点，赏识其优点。

方法二：不要随便否定你的女孩

小莉已经上小学四年级了，但是她有一个缺点——经常迷路。对于家附近的路，小莉还是没问题的，但是远一点的地方她就找不到家。因此，妈妈限制了她的活动范围，不让她独自出门或走太远。一日，小莉跟同学约好去新建的体育场打球，妈妈知道后阻止说：“那么远的地方，你都没去过，一定又会迷路，你不可以去。”小莉说：“我用本子记下怎么去了，不会走丢的。”最后，妈妈还是态度坚决地不让小莉去，小莉生气地把自己锁在屋子里。

女孩遇到困难时，切记不要指责、挖苦，要想办法帮助她逾越这些障碍。我们在生活中经常会遇到像故事中的妈妈一样的父母，经常对女孩说“你不行”、“你不可以”、“这太危险了”之类的话。不能为了避免女孩犯错，就限制她的行为，这样很不利于女孩的成长；也不能纠结于女孩身上的缺点，要正确对待并有意识地、耐心地去引导女孩，潜移默化地让其缺点变成优点。

专家给父母的
管教课堂

著名教育专家铃木镇一认为，父母赞美孩子最好讲究“耍花样”，可简单归纳为以下几点：

1. 批评孩子的缺点之前先赞美她的优点。

2. 孩子需要父亲赏识性的赞美。

3. 该骂的时候，不妨保持沉默。

第六章

批评有方——善意批评让女孩变得更优秀

世界上没有不犯错的孩子，

犯了错可能就会挨批评，

但父母批评女孩是要讲究方法和秘诀的：

绝不要在公共场合批评女孩；

那些肯定式批评，会让女孩更容易接受；

适时适度的批评，教育效果会更显著；

注意批评的态度和技巧，让女孩“更爱听”。

……

当你正确运用这些批评诀窍时，

相信你的女孩一定会更快地改正缺点、错误，变得更优秀。

第32招

先肯定，再批评才有效果

每当期末考试结束之后，我们在学校门口总会听到各种各样的父母和孩子的对话，例如下面这两个场景：

场景一：

爸爸：这次考试有没有进步啊？

女儿：进步了一点儿，考了22名。

爸爸：不错，不过你这一段的学习计划有些不合理，回去修改一下，下次争取前进三名。

场景二：

妈妈：这次及格了没？

女儿：其他的都及格了，就数学没及格。

妈妈：看吧，谁让你就知道玩啦！以后再玩就全考零分，你就等着将来扫大街吧！

场景一里的爸爸很相信女儿的实力，并且希望女儿能充分发挥自己的潜力，于是他很真诚地鼓励她，接着又批评女儿，这种先肯定再批评的方式更容易让女儿接受，再加上他对女儿的期望没有过高，下次只要女儿努力学习，很容易就能达到爸爸的要求。

但场景二里的妈妈显然“太着急”了，以至于她话语里的“刺激性语言”或多或少带上了一些贬低女儿的成分。其实，我们批评女孩不是为了让她知道自己有多差，而是让她知道以后应该怎么做、怎么提高自己。

批评教育和表扬教育一样，都是一种激励女孩不断成长的有效手段。但在实际的家庭教育中，批评往往会产生一些负面效应，例如打击女孩的自信心、自尊心和积极性，这也让很多父母对“批评”心有余悸。其实，批评的负面效应并不是必然的，恰当的批评方式会帮助父母达到批评孩子的最终效果，而这其中，先肯定女孩的成绩和优点，再批评她的不足和缺点，是取得教育效果的最有效方法之一。一般来说，具体的教育方法有以下几点：

方法一：发掘女孩的“闪光点”，再指出她的缺点

父母要学会用辩证的观点，一分为二地看待问题和处理事情。很多情况下，当女孩犯错时，我们总是急于让女孩认错，或者强硬地使她承认错误，然后直接从女孩所做的错事入手，把自己的着眼点落在女孩错误本身，开始大肆批评和责备。其实每个女孩身上都有优点也有不足，作为父母在平时要了解女孩的每一个闪光点，哪怕是世界上最淘气的孩子也会有优点，你必须学会努力挖掘，并且告诉女儿你欣赏她的这个优点。

任何人都渴望被肯定，所以你在批评女儿之前，要先肯定她其他方面的成绩和优点，然后再指出她的缺点，用先肯定后批评的方法，往往能消除孩子的抵触情绪。而且这种批评方式会让女儿认为父母信任自己，并能全面看待自己，处理事情比较客观、公正，从而她从心里对父母只有更加尊重和信任，并且乐意接受父母的批评。同时她也能逐渐正确认识自己的优点和不足，并对改正缺点充满信心，最终取得父母想要的结果。

方法二：增加和女孩的身体接触

在批评女孩的同时，父母最应该做的就是让女孩感受到你的爱。这时，你不妨多增加和女孩的身体接触，这是辅助批评的最好方法。

有一位母亲是这样做的：

我女儿的性格有些叛逆，整天喜欢和我们对着干。我已经批评过她很多次了，但女儿一点儿也没改。后来，我想了很久，可能是我对女儿的批评方式出了问题，于是我决定改变批评方式。

这天，女儿又跟我发脾气，我就拿出自己当年写的育儿日记，挨着女儿坐下来，然后用温柔的声音给她念日记里的内容，中间还不时地拍拍女儿的肩膀，或拥抱她一下。最后我们两个都泪眼汪汪。虽然在读日记的过程中我也有批评女儿，但最后女儿还是哽咽着对我说："妈妈，我以后再也不和你吵架了！"接着她竟主动拥抱了我。

当父母在批评女孩或说出一些指责她的话时，不妨搂着她的肩膀说话，或者握着她的手，这样会让女孩更容易接受批评，因为她明白，父母是出于"爱"而批评她的。

专家给父母的管教课堂

英国教育家伊丽莎白·哈特利·布鲁尔认为父母在批评女孩前应先学会赞扬，她的具体建议是：

1. 在批评女孩的某一具体行为前，先想想她的优点。

2. 不要使用"好"或"坏"来评价她的行为，可以尝试谈论你喜欢或不喜欢她的哪些行为。

3. "刚才，我发现你的行为……"，这样的表达方式可以使你对女孩的不认同仅限于她刚刚发生的行为。

第33招

批评也要及时，绝不延误时机

父母及时有效地批评女孩，能够防止和抑制女孩不良行为习惯和不良思想的产生；如果你看到女孩的不良行为不及时批评，孩子的不良行为渐渐就会形成一种坏习惯，这时问题就严重了，父母再去批评孩子，可能达不到理想的效果。

佳妮今年上初中二年级，虽然是个女孩，却没有一点儿女孩的模样，倒像个“假小子”似的到处闯祸。妈妈一不注意，她竟爬到房上掏鸟窝，结果踩坏了房顶上一片瓦。妈妈非常生气，但因当时有事情要做，就对佳妮说：“你等着，等我待会回来好好收拾你，看我不打折你的腿！”谁知，佳妮一点儿都不把妈妈的话放在心上，反而在妈妈的背后调皮地做着鬼脸。因为她的爸爸妈妈经常对她说：“你等着，我待会再收拾你！”“看我晚上回来不说你！”等等，她已经听得厌倦了，所以现在她想怎么玩就怎么玩，等父母批评她的时候，她就安安静静地站在那里挨骂，过后又恢复原样，父母的批评对她一点儿用也没有。

其实，父母批评犯错的女孩往往是为了让她“长记性”，继而希望帮助女孩改正错误，但很多父母发现，有些女孩根本批评不得，你一批评她，她就哭闹、撒泼；还有一些女孩就像上例中的佳妮一样，根本不拿父母的批评当回事，事后依然不以为然、我行我素；甚至有的女孩，干脆和父母顶撞……为什么父母认为行之有效的批评会对孩子不管用呢？这其中最关键的是父母批评策略上的失误，即延误了批评的最佳时机。

试想一下，本来是早上发生的事情，你到了晚上才批评女孩，在这期间女孩还要干好多事，对于那件错事，她可能早忘脑后了，或者她认为自己错得不严重，父母没放在心上，否则当时怎么不说她呢。那么，你迟来的批评根本没有意义。

如何批评孩子是门学问，现在，有一些教育方法提供给女孩的父母们，希望能对父母们有所帮助。

方法一：多留意女孩的变化，及时发现女孩的错误

有一位母亲曾后悔地讲起了女儿的事情：

我的工作很忙，每天都觉得工作时间不够用，就会把公司里的任务拿到家里来进行。可能因为实在太忙了，所以忽略了女儿菁菁。自从她上了高中后，每天都是七点以后才回家。我以为她在学校补课，就没有细问。

高一期中考试后，我发现菁菁的学习成绩大幅度下降，家长会上，班主任老师点名批评她上课不注意听讲，放学后就和别的班的同学出去上网，直到此时，我才知道女儿为什么放学后回家都很晚。于是，当天晚上我就把女儿批评了一通。刚开始，她不承认放学后去上网，当我把班主任的话告诉她时，女儿才勉强承认。可这时她已染上了网瘾。尽管我苦口婆心说了很多，但女儿放学后还是照旧去网吧，我现在真是特别后悔，如果我早点留意女儿的错误，就不会像现在这样操心了。

由此可见，及时批评是多么重要。因此，父母应该多留意女儿的生活，及时发现她的错误、她的缺点，并及时进行引导、批评，这样才有益于她完善自己。

方法二：批评一定要针对具体的事情

在批评女孩的时候，我们要明白批评只是为了让她知道，做什么样的事会带来什么样的后果，而不是为了伤害她或给她贴上“坏孩子”的标签，这样就不会给女孩造成心理阴影。

这就要求父母们在批评时一定要针对具体的事情，比如，女孩回家后忘记洗手，我们应该告诉她，每个人回家后都要洗手，不洗手是不对的，而不要扩大到其他事情上。而当女孩的错误举动涉及人际关系时，最理想的方法是用两个步骤去完成：一次批评——先把自己对于女孩某种行为的感受直接告诉她，然后平静地告诉女孩，她是一个好女孩，只是这次做错了。

方法三：耐心引导女孩复述自己的错误

如果你错过了批评的最好时机，怎么办呢？就不批评孩子了吗？当然不是了，指出孩子的错误是父母们义不容辞的责任。你还是要“翻翻旧账”，当然，最好在双方都心平气和的状态下进行。

父母应尽可能使用问句的形式，引导女孩说出自己所犯的错误。如果孩子拒绝回忆，就由你来将这件事情“复述”一遍。当然，你的“复述”越详细越好，因为这样可让女孩充分回忆起自己当时的想法和做法，就算批评不“及时”，也能起到一些教育作用。

专家给父母的管教课堂

著名教育专家孙云晓建议父母在批评女孩的过程中，最好牢记以下几点：

1. 要宽容孩子，不要用偏激的言语去斥责。
2. 要给孩子改正错误的机会。
3. 在批评时，要表达对孩子的爱，尽量做到“恩威并施”。
4. 批评要适时、适度，帮助孩子对事物和形势进行正确分析。

第34招

批评女孩要注意场合

“父母不宣扬子女的过错，子女对自己的名誉就愈看重，他们觉得自己是有名誉的人，因而更会小心地去维持别人对自己的好评；若是你当众宣布他们的过失，使其无地自容，他们便会失望，而制裁他们的工具也就没有了，他们愈觉得自己的名誉已经受了打击，他们设法维持别人好评的心思也就愈加淡薄。”这是英国教育家洛克曾说过的一段话。家庭教育的现实正是如此，如果你当众批评女孩，让她“下不了台”或者揭她的“伤疤”，那么孩子好不容易建立起来的自尊、自信、自爱，就会被无情击溃。对于一些自信心薄弱的女孩而言，她们甚至会产生“无所谓”、“厚脸皮”等以丑为美的变态心理。

惠美从小就生活在爷爷奶奶身边，一直以来，两位老人对她十分呵护，生活上更是细心照顾，没让孩子受过一点儿委屈，但这也让惠美变得内向、胆怯。后来，上小学之后，惠美回到了父母身边，开始完全不同于以往的生活。爸爸妈妈平时工作忙，很少有时间陪她，而且爸爸的脾气比较暴躁，经常当着别人的面，冲惠美发脾气，这一切都让惠美感到害怕。

有一次，家里来了客人，爸爸让惠美给客人倒水，结果惠美一不小心把茶杯摔碎了。爸爸勃然大怒，当着客人的面劈头盖脸地批评起她来：“就没见过你这么不中用的孩子，什么忙都帮不了，还尽添乱！”这样的批评让生性敏感的惠美无地自容。晚上，惠美一直做噩梦，梦里都是爸爸生气的脸。从此，惠美看见爸爸就紧张，越紧张就越出错，越出错她受到的批评和训斥就越多，渐渐地她患上了神经衰弱，周围稍微有一点儿小动静，就会让她紧张。

惠美之所以变成这样，完全是因为她父亲采取的不恰当的批评方式。其实，很多父母采用的批评方式和惠美的父亲一样，他们经常在公开场合批评女孩，希望女孩"长记性"，尽快改掉毛病。殊不知，这样的做法只会加倍伤害女孩的自尊，让她在外人面前抬不起头来，进而变得自卑、内向、敏感、多疑。

批评孩子需要掌握好场合和时间，对此，专家们提出了几点建议：

方法一：尊重女孩，注意批评场合

一位母亲曾向亲子专家讲述了这样一件事情：

上个周末，我因为有事没在家，上初中的女儿就邀请她的同学到家里来聚会。可能是因为大人不在家，这帮孩子就玩疯了。等我回到家时，她们还在疯玩，家里也被她们弄得乱七八糟。看到这里，我非常生气，当着女儿朋友的面就把她臭骂了一顿。女儿觉得自尊心受到严重挫伤，一气之下，她竟然到奶奶家住了，每天从奶奶家直接上学。就这样，我们僵持了半个多月，最后还是我主动承认错误，女儿才肯回到我身边。

任何时候，父母在批评女孩时，都要尊重女孩，站在她的角度思考问题，学会保护女孩的"面子"。只有她得到你的尊重，才会反过来尊重你。假如你不顾场合地批评女孩，例如在亲戚面前批评她，当着她的同学、朋友批评她……会令女孩难堪、羞愧，并对你产生怨恨。

方法二：耐心等待，给女孩一个认识错误的过程

父母们望女成凤，希望女儿马上达到自己的要求，所以批评女儿时往往太过心急，总想着"立竿见影"和"一针见效"。事实上，这样的批评效果并不好，哪棵树苗能在一夜之间就长成参天古木呢？女孩的成长需要时间。作为父母，我们要多一点耐心，给女孩一个认识错误的过程，给女孩“缓解”的时间和空间，不要不顾场合地马上批评她。

每个孩子的自身情况不同，她们认识错误的时间长短也不同，可能有的马上就意识到错误，而有的要等很久才反应过来。但无论哪一种，她们认识错误都需要一定的时间。如果你允许女儿一点点加深对错误的认识，不操之过急，那么你的女儿会更容易改正错误。

专家给父母的

管教课堂

教育专家林格认为，父母批评女孩应做好以下几点：

1. 要有明确的目的，让女孩知道自己为什么挨批评。
2. 要让孩子明白，怎么做才不会再犯同样的错误。

第35招

注意态度，让批评之声变得“悦耳”

生活中，我们时常会遇到下列场景：

场景一：5岁的小女孩弹琴时表现出极大的随意性，对于那些老师讲过的正确指法、手型和要求，小女孩一点儿也没记住。着急的妈妈一遍又一遍地提醒，外加亲自示范，可小女孩依然摆出一副不合作的态度，在琴凳上扭来扭去，一会儿喊手疼、一会儿要去厕所。终于，忍耐许久的妈妈发怒了，给了女儿一巴掌，至此，教育由说服升级为体罚。

场景二：茹茹每天都把家里弄得像“狗窝”，衣服、玩具、书本扔得到处都是，妈妈提醒了很多次，也没有改观。于是，妈妈大喊大叫：“我跟你说过多少次了，从哪儿拿来的东西玩完了还放回哪儿去。你这孩子怎么一点儿记性都不长，再不收拾整齐，我就把它们全扔到街上去！”

除了以上两种场景，很多父母还会喋喋不休地批评。其实，像打骂、大喊大叫、喋喋不休等方式很容易伤害女孩的自尊，引起她们的反感。

因此，我们可以得出结论，与平时说话相比，父母在责备和批评女孩时应压低声音。因为低沉的声音与高亢的情绪成对比，令人感到理性。那么，具体该如何操作呢？以下方法，女孩的父母们不妨一试：

方法一：把握批评的时间长度和语气

批评女孩，不同于和她沟通、交流，父母一定要把握好时间长度，不能太长也不能太短，最好在 5 ～ 15 分钟以内。在这段时间内，你要让女孩明白为什么批评她，哪些地方需要她改正和注意，然后留给她几分钟的反省时间。

同时，父母批评女孩时还要注意语气，不要因为生气就对女孩大打出手或大吼大叫，声音一定要温和、真诚，态度要友好，表情要和善，目光要柔和，还要多花一些耐心，这样孩子才会心服口服地接受批评。

方法二：批评要注意公正合理、恰如其分

有不少女孩父母一看到孩子犯错误就着急，一着急就“口不择言”地批评孩子，以为这样的刺激会对女孩起到深刻的教育作用。例如父母在批评女孩时，常常会说：“我就没见过你这么笨的孩子！”“什么都不会做，以后让你去要饭！”等等。岂不知这种过火的批评只会令孩子更加反感，觉得一切都“无所谓”，所以很多时候对于父母的批评，孩子通常是“左耳进右耳出”，批评无法达到预期的效果。

因此，父母在批评女孩时态度一定要温和，要讲究方法和技巧。只要你批评时本着公正、合理、实事求是的原则，不啰嗦、不过激、不恶劣，做到既严肃又耐心，就会使女孩心服口服地接受批评。

专家给父母的管教课堂

对于“批评孩子”的问题，英国教育家伊丽莎白·哈特利·布鲁尔给女孩父母们的意见是：

1. 不要使用羞辱性语言。

2. 每次只批评一种行为。

第36招

掌握批评的技巧，你的话女孩更爱听

一位母亲找到儿童心理专家，向其讲述了关于女儿的一些事：

我女儿从小就是个自尊心很强的孩子，做了错事被批评时，她总是把嘴巴撅得老高，还爱跟大人强词夺理，有时甚至撒谎、打小报告、嫁祸于人。有一次，她跑得太急，不小心把餐桌上的茶杯摔坏了，我批评她说："你怎么回事，走路不会小心点啊！"谁知，她却把脸一仰说，"谁让你们把茶杯放在桌子上的"。

女儿学习很用功，总想能评上"三好学生"。上次到了期末评选"三好"的时候，女儿想自己成绩是全班第一，肯定会被评上"三好学生"。没想到，成绩不如她的强强因学习刻苦、乐于助人、关心集体，被大家一致推选为"三好学生"。我女儿一听自己落选了，没等老师说完，就哭着跑出了教室。

每个女孩都希望得到表扬和认同，而不是批评和否定。但女孩难免会因为做错事被批评，这时很多女孩父母就发现，让女孩接受批评是一件很困难的事情，而他们一直也找不到正确的批评方法。孩子对父母的批评不是接受不了，就是在批评后变得一蹶不振、郁闷或绝望。

法国著名心理学家高顿教授通过一项专题研究表明：从来没受过批评的女孩，很容易变成"老虎屁股摸不得"的小霸王，根本分不清是非对错；而当这些在幼年时期难以接受批评的女孩长大后，对待批评不是"敬而远之"，就是干脆"拒之门外"。这种消极的态度让她无法面对挫折和困难，更无法适应社会的需要，也不会取得令人称羡的成功。因此，父母要掌握批评技巧，让你的女孩更爱听。

下面就给女孩父母们提供一些批评女儿时的教育方法：

方法一：批评时，要给女孩“申诉”的机会

7岁的女儿把5岁的儿子打哭了，妈妈生气地走到女儿面前说：“你是姐姐，怎么能打弟弟，马上道歉！”说完就赶紧哄号啕大哭的儿子。

女儿一看妈妈偏袒弟弟，噘着小嘴说：“我为什么要道歉！是他先打我的！”

妈妈瞪了一眼女儿，说：“你还敢顶嘴！我不想听理由，错了就是错了！”

“我没错！”

“你翅膀硬了，是不是？你还有理了？难不成我错怪你了！”

……

其实，导致女孩犯错的原因有多种多样，就拿上面的事例来说，小女孩可能真的不是故意要打弟弟，而是弟弟有错在先，如果是这种情况，妈妈就“冤枉”了女儿，那么受了委屈的小女孩会怎么样呢？她会认为妈妈更爱弟弟，根本不爱她，于是她和妈妈之间的亲子关系就会出现裂痕。

所以说，无论女孩犯下多大的错，你都要在批评她之前给她一个申诉的机会，以尊重和信任她为前提，让女孩把事情的来龙去脉说清楚，这样你才会对女孩的错误有一个更全面的认识，批评起来也才会更有针对性。

方法二：要将批评的话说到点子上

在家庭教育中，有很多父母在批评女孩时往往说不到点子上，不是东扯西拉，就是陈芝麻烂谷子地翻旧账，把女孩上个星期、上个月甚至一年前的错误、缺点、失误都罗列出来，结果完全冲淡了“这次”批评的内容！

所以，当你因为某种原因不得不批评女孩时，一定要明确指出女孩错在哪里，为什么错以及错误的危害，最后为她提供有效的改正方法，这样女孩才更容易接受批评。

另外，女孩父母们一定要注意，不要随便夸大或缩小孩子的错误，这都是不正错的做法，很容易起到负面作用。

专家给父母的
管教课堂

卡尔·威特在教育儿子时，也会和大多数父母一样批评儿子，不过，他的批评总会让儿子心服口服。

1. 真心关心和帮助孩子，而不是采取责骂和体罚的方法。

2. 教育孩子的过程中，一定要仔细观察孩子所做的事，尽量去理解他。

3. 如果就某件事需要批评孩子的时候，一定要在弄清真相后再作评价。

第七章

富养女孩——打造心性高洁的淑女

虽说“从来富贵多淑女”，但作为女孩父母的你，

知道什么才是真正的“富养”吗？

富养女孩要学会不娇不惯；

富养女孩要开阔她的眼界；

富养女孩要打造她的内涵；

富养女孩要提供她富足的“精神食粮”；

富养女孩要为她营造愉悦的家庭环境；

富养女孩要更注重物质之外的给予；

……

“富养”看似很简单，其实内容丰富、方法多变，

如果你想知道这些方法、内容，那就走进这章吧！

第37招

富养要学会不娇不惯不溺爱

什么才是真正的富养呢？富养，并不是溺爱和娇生惯养，也不是用金钱为女儿建造华丽的城堡，而是一种更注重把女孩打造成精神富足、性格独立的教养方式。不过，现实生活中还是有很多女孩父母不明白“富养女”的真正含义：

李先生是一家外贸公司的执行董事，人到中年才方得一女，所以分外娇宠她。李先生的朋友有一次去参观他的家，被李先生女儿的百万衣帽间吓坏了——里面各种名牌应有尽有，更有国际服装大师为其做的“高级定制”儿童版女装，小公主的珠宝盒中那些价值连城的珠宝首饰更是应有尽有。李先生的妻子经常带着女儿去国外购物，还会定期领女儿去美容店里做指甲、吹头发等等。虽然小女孩才4岁，但是打扮得就像一个洋娃娃，出门之后很多人都夸赞她可爱、穿衣服好看，所以李先生一家人都觉得很自豪。但周围的人发现，大冬天李先生夫妇为了把女儿装扮成小公主，就让孩子穿那些时尚但不保暖的衣服。

显然，这对夫妇在“富养”女儿的道路上偏离了正确的轨道。所谓“富贵出淑女”，并不是说你用大量的物质去溺爱和娇惯女孩，她就会身心健康地成长。相反，这样养育出来的女孩很容易变得任性、骄纵、冷漠、自私。那么，父母应该怎样富养女孩呢？

方法一：培养女孩的适应能力

一直以来都流传着这样一个故事：

很久之前，有一个年轻人走进了茂密的大森林，但几天后他迷路了，就在他生命受到野兽和恶劣环境威胁的时候，幸运地遇见了一个老猎人。他请求老人给自己一点儿食物补充体力，可老人没有同意他的要求，而是选择送给他一杆猎枪。最后，这个年轻人正是靠着这杆猎枪捕食活着走出了大森林。

这个故事讲述的道理很简单：人只有拥有适应社会的生存能力，才能更好地活在这个世界上。父母教育子女也是同样的道理，如果你只是一味地对女儿百依百顺，那么只会使她变成一个以自我为中心、心理幼稚、缺乏自制力的女孩。

世界上没有父母希望自己的女儿变成一个动辄勃然大怒、吵闹不休、贪得无厌的人，而且这样的孩子缺乏应有的生活能力和抗挫折能力，会令父母觉得十分累。因此，多培养女孩的适应能力和独立生存能力才是最正确的教育方式。

方法二：对女孩要严格要求

心理专家认为：人们对从未得到的东西就不会感到不足，自控力弱的小孩子更是如此。因此，富养教育时，父母一定要学会对女儿严格要求，更要坚持自己的原则。说不允许就不允许，父母千万不能有“女儿小时候可以放宽一些，长大以后再严格一些”的错误想法。

下面这位妈妈就教育得非常好：

有一天，我带5岁的女儿去朋友家做客。结果吃午饭的时候，女儿不但把米饭撒在饭桌上，而且还把自己吃饭的碗打破了。按照我们家的规矩，撒了东西要受罚，砸坏的东西要自己打工赔，而我们通常采取的措施是让女儿刷碗。所以午饭结束后，女儿走到朋友家的厨房去刷碗，虽然之前我已经告诉朋友我们家对待孩子的教育方式，但朋友还是让女儿去玩，并且对我说：“这孩子才5岁，你别因为一点儿过错，就让孩子去刷碗，你太严格了！”我笑着说：“我女儿并不是因为怕我才去刷碗，是因为她从心里认识到这是约束自己的纪律，所以才主动去厨房的。”最后，女儿还是站在小凳子上刷好了全部的碗，并且从我这里拿到了赔偿朋友家摔碎的那只碗的钱。

一个5岁的孩子能有这样的自制力，不得不说这和她妈妈对她的严格要求有关。所以，富养女孩就从严格要求她开始，这样才不会陷入溺爱和娇惯孩子的泥沼中不可自拔。

专家给父母的
管教课堂

著名心理专家李子勋认为，父母无条件的爱容易让孩子变得没主见，对此，他给出的教育建议是：

1. 父母应给孩子更多的自由，因为孩子并没有我们想象中的那么脆弱，要让孩子试着去触摸这个世界。

2. 培养孩子的自主性，让孩子独立探索做事的正确方法。

3. 父母不要对生活中的一些挫折、困难等现象对孩子进行不良暗示，否则会导致孩子对凡事都产生畏惧心理。

第38招

富养，物质和精神配比需合理

一位提倡“富养女”的母亲这样说：

女儿小学毕业时，我买了一个价值两万元的LV手提包作为她的毕业礼物，平时女儿穿的用的全都是名牌。我这样做并不是炫富，而是想让女儿从小就见世面，不能显得那么“小家子气”。如果我现在给她提供好点的物质生活，那么女儿长大后就不会被那些小恩小惠所迷惑，这也是为孩子的未来幸福生活投资。

相信很多女孩父母都或多或少地和这位母亲的想法一样，认为富养女儿需要借助金钱和物质。下面这位母亲同样也认为“养女孩，就应该多花钱”。

我和爱人都在事业单位工作，两个人的工资加起来一共6000多元，按说这些钱比普通家庭的收入要好些，但是我还是感到了前所未有的经济压力。这种压力不是因为房子车子，而是因为我们的女儿。家里就女儿一个“宝贝蛋”，所以我和爱人都希望把最好的给她。从小她就吃进口奶粉、穿名牌衣服、上贵族学校，我们都舍不得委屈她，我们实在没钱的时候，只好厚着脸皮朝老人伸手，他们也疼孙女，总是会慷慨地资助我们。

其实，“富养女”最根本的焦点问题在于该如何“富养”上。没错，那些高档的产品和生活确实能够提高女孩的眼界，但这些并不是“富养女”的核心价值。因为真正的“富养女”，不但要提高女孩的眼界、世面，还要培养她的气质、良好性格和习惯，并教会她如何与人交往、辨别是非、应对挫折等方面。总之，“富养女”的真正内涵在于提高孩子的综合素质、健康人格和心理，这才是女孩父母们应该看重和教育的方向。

那么，有哪些教育方法可以帮助父母们正确富养女儿呢？

方法一：富养女孩，贵在“用心养”

在一场家庭教育博览会上，一位教育专家说过这样一段话：“财力、经济方面的家庭教育投资是必然的，但绝不是全部。尤其是在孩子成长发展的关键年龄段。父母必须要从心理上拉近和孩子的距离，让孩子确实感受到父母关心自己，他就会主动和父母建立一种良好的沟通关系。这样教育孩子、管理孩子就不会被动，也不会让孩子产生逆反心理，这才是成功的家庭教育。”的确如此，在家庭教育中，父母的精力投入比金钱投入更重要。

有一位儿童心理专家曾说起这样一种现象：“我发现很多孩子父母容易走入这样一个‘旋涡’，那些越是舍得为孩子花大把钞票的父母，越舍不得花精力和时间来陪伴孩子。曾有一个妈妈这样对我说过：养孩子有什么难，只要有钱请保姆、送托儿所，或者交给老人带，这样不就行了，我小时候爸妈也没常陪我。”虽说“有钱能使鬼推磨”，但有钱不一定能加深亲子之情，这只能说明父母对孩子“不用心”。

因此，父母应该学会“用心”养育孩子，应该想办法去接近你的女儿，去了解她的喜怒哀乐、情绪变化、生活习惯、学习琐事，要学会关心和恰当地介入她生活的各方面，想方设法地走进孩子的内心，并最终真正建立起一种更加健康、亲密的亲子关系！

方法二：在物质和精神上的给予配比要合理

小小今年5岁，在穷养还是富养的观点上，她的妈妈一直坚持物质和精神给予她的配比为3：7。小小妈妈的原则：女儿物质的给予保证安全第一、舒适第二、拒绝奢侈即可。例如小小喝的牛奶不一定是最贵的，但要质检严格以保证她喝着安全；小小的衣服不要求名牌，只要求舒适；小小妈妈从不给小小买一些额外的儿童奢侈品。不过，在精神上，小小妈妈就表现得非常大方，她每周末都会带女儿出去玩，有时候去动物园，有时候去郊区的农场，有时候去爬山。而且很多时候是和其他家庭一起组团去，进而培养孩子的动手能力、交际能力、合作能力，同时又让孩子在大自然中体会到快乐。

后来，妈妈发现小小在艺术方面有过人的天分，所以妈妈非常愿意为她继续提供艺术学习的空间。就这样，小小在妈妈的引导和熏陶下，变得自信、乐观、友爱、勇敢、体贴。

事实上，富养女孩的关键是要看女孩父母们如何理解这个“富”字。如果你把“富”狭义地认为是大量的金钱、物质的充足，那么这会直接影响你女儿的金钱观、价值观和人生观。因此，无论你现实的经济状况如何，都要明白一点：富养女孩关键并不在于物质的富足，而在于精神的富足，而把物质和精神给予合理配比更是教育成功的关键。

专家给父母的
管教课堂

英国教育家伊丽莎白·哈特利·布鲁尔认为，应不断强化女孩的自我价值感，以对抗那些“侵蚀”她的因素，她给予父母们的方法是：

1. 当她说“我要是不……（跟上流行时尚或其他），大家就不会喜欢我”，这时，父母应给她一些理由，让她可以更加自信地去拒绝那些朋友。

2. 尽量不要让女孩过度沉迷于收藏和流行时尚，帮助她保持自我。

3. 总是用“重要的是人的内在品质”的说法，来抵销关于她长相或外表的评价。

第39招

富养，重在开阔女孩的眼界

一个见多识广又淡定高贵的女孩，她的天空一定不局限在“小世界”里，她的眼睛能够看到更远的地方，她的学识、见解、智慧能够帮助她更加自信地走向成功，而这一切不是她天生就具有的，更多的是靠后天父母对她“眼界”的培养。

现在人们常说“富养女”，我们为什么要富养女孩呢？其实，归根结底就是为了让女孩眼界开阔，进而让她变得心胸宽广、见闻丰富、处变不惊。如果在孩子的一生中只保持一种认知方式，那么她在适应新情境的能力上就会变得僵化。因此，富养女孩就要多增加她的知识，让她学会多听取各方面的信息，努力开阔她的眼界。

卡莉·菲奥莉娜出生在得克萨斯，她曾从一名小推销员成长为全球第一女总裁，美国《商业周刊》曾这样形容她：“她有如簧之舌，亦富钢铁意志。”而这一切都要归功于从小就努力开阔她眼界的父母。

很小的时候，卡莉·菲奥莉娜就时常跟随作为法学教授的父亲到世界各地游历，而作为艺术家的母亲为小卡莉打开了通往艺术世界的大门。也正是这种从小接受的见多识广的经历和艺术的熏陶，让卡莉·菲奥莉娜的眼界大大高于那些普通女孩，所以随着年龄和阅历的增长，她最终成长为一位有思想、有主见、有魄力的成功女性。

当然，很多家庭并没有小卡莉家庭那样的成长条件，更不可能经常带着孩子出国游历。但开阔女孩的眼界有很多种方法，作为女孩父母的你，完全可以选择适合你的家庭和孩子的教育方法：

方法一：让女孩利用电视和网络获取知识

电视、网络这些传播信息的渠道比广播、报纸等更有可视性和吸引力，能让女孩学到更多生动的知识。当然，在让女儿看电视和上网的问题上，父母一定要掌握好“度”和方法。

例如每天规定女儿上网和看电视的时间、内容选择等，应尽量让女儿观看一些知识性、科学性、趣味性强的节目，电视剧、成人综艺节目等应让女儿少看。另外，你可以为女儿安装一套青少年上网的保护软件，自动屏蔽一些不健康的网页，多引导她利用网络获取科学知识和见闻。

方法二：带着女孩去旅行

阿基米德曾说过：“多看，多听，多接触，你就会成为智者。”旅行就是女孩开阔眼界的最佳方式。旅行，不仅可以让女孩领略山川美景和各地风光，还能丰富她的见闻和增长为人处世的能力，同时还能陶冶孩子的情操，可谓一举多得。因此，在经济条件许可的条件下，父母应多带女孩出去走一走、看一看。

有一位母亲的育女经验是这样的：

我女儿今年 10 岁，上小学四年级，她的学习成绩一直不错，而且还是班长。平时组织班集体活动或参加表演节目，女儿都非常积极，而且同学们也都愿意听从她的指挥。女儿出色的为人处世能力和语言能力，我想有很大一部分功劳要归功于我们假期带她出去旅行的锻炼。

从女儿四五岁时，我就利用假期带她去各地旅行，在前往目的地的火车上，我会先给女儿介绍当地的风土人情和我们要参观的基本路线，还有一些需要注意的安全事项。到达后，我还会让女儿主动去问路和买票，并且每次回来都让她写一篇游记。几年下来，女儿已经养成了习惯，每次旅行前，她都会自己找资料、订饭店、买票，她的独立性增强了很多。

没有什么方式比旅行更能增强孩子见闻的了，而且旅行对女孩的计划能力、组织能力、语言能力、交往能力都大有裨益。这位聪明的妈妈的确选择了一个好办法开阔女儿的眼界。

方法三：培养女孩的"国际化视野"

作为父母，富养女孩一定要培养孩子的"国际化视野"，这样她的眼光才会看得更远，而且随着世界各国的密切交流，为了女儿不固步自封和落伍，父母一定要高瞻远瞩，培养女孩的国际化视野。

贝贝从三岁起，妈妈就开始让她学习外语，但妈妈并没有强制她学习，而是试图慢慢引导她爱上外语。例如平时妈妈会在家里贴上好看的外语标志的贴画，带她去看原声的外国动画电影或者让她听英语歌，同时还以各种方式让她了解国际新闻和国际形势。

除了以上的方法外，女孩父母们还可以尝试在家里挂上一张世界地图，时常和女儿讨论地图上那些国家的基本概况和风土人情等。当然，如果经济条件允许，你也可以带女儿出国开开眼界。

专家给父母的
管教课堂

如何让女孩拥有广阔的视野呢？英国教育家伊丽莎白·哈特利·布鲁尔提供的最佳办法是：

1. 平时尽量多带女孩一起出游，增长她的见识。

2. 努力扩大女孩的成就基础，让她尝试参加各种活动，发展多种技能。

3. 限制女孩看电视的时间，取而代之的是让她参与各种各样的活动，体验不同的成功感受，进而获得全面发展。

第40招

富养，打造女孩的内涵

内涵，是指一个人内在涵养和素质，它是一个人气质、个性、精神的总和，而一个有内涵的女孩，她“内在美”的光芒能够掩盖一切外在的瑕疵。最重要的是，有内涵的女孩，大多表现得坚强、勇敢、自信、乐观、谈吐优雅、举止得体、不媚俗。

打造女孩的内涵，富养教育很重要。但女孩父母们要明白一点，只有真正的富养，即富足女孩的精神世界，才能达到教育的效果。

兰兰今年上高二，她的妈妈一直认为“女孩就该富着养”，所以只要在家庭可承受的范围内，妈妈都会尽最大的能力给予她较好的物质生活。不过，兰兰妈妈并不是盲目、脱离实际地“富养”兰兰，而是让女儿明白，自己给她的物质生活都是拼命工作赚来的。同时，她引导兰兰尽量接触舞蹈、音乐、绘画等，周末还经常带女儿去图书馆，让女儿多看书、看好书，兰兰妈妈觉得这对提升兰兰的内涵非常重要。现在，经过长时间的接触琴棋书画，兰兰的艺术气质和文学素养都得到了很大提升，她在接人待物方面也表现得非常得体，开朗的性格也让她结交了很多好朋友。

作为女孩父母，不要以为只有通过外在的修饰才能让女孩变得美丽，要知道，使她变得可爱的真正方式，就是培养她的内在气质，这也是富养女孩的真正意义——打造出一个品位出众、气质高雅的优秀女孩。自然，这也需要各位父母掌握科学、有效的教育方法。

方法一：塑造女孩的心灵美

一位母亲曾向友人无奈地说起自己的女儿：

我女儿今年刚上高一，学习成绩不错，长得也漂亮，在物质上我从没有委屈过她。但女儿除了“成绩”这一项，再没什么值得炫耀的。我没见她邀请过朋友到家里来玩，周末也没有人邀请她出去玩。听家访的老师说，班里的同学都不太喜欢她，原因是女儿看不起那些家境不好的同学，也不和他们一起玩。

最初有几个入了女儿眼的女同学和她结成了小圈子，可是一段时间后，这些朋友都“受不了”她，因为女儿太骄纵任性、太自私。

后来女儿看着自己渐渐成为“孤家寡人”，心里也很难过，回到家脾气更大了。有时她在学校也会做出一些过激行为，希望引起他人的注意，但其他同学都选择了漠视。最后，女儿一气之下就休学了，哭着对我说：“我再也不上学了，学校里都是坏人，就知道欺负我。”

其实，其他同学并不是针对这个女孩，而是她自身的某些不良习性造成的。这也说明，就算一个女孩学习好、家境好、外貌好，但如果她的内在不好，依然结交不到真心的朋友，也不会获得大家的喜爱。

因此，父母必须教女孩学会做一个谦虚、宽容、友爱、自信、乐观的人。例如你可以带女孩去参加一些公益活动，观看一些教育书籍和影片，平时也可以多给她讲述一些有益的故事，让她受到启发。

方法二：塑造女孩心灵美，增加其艺术修养

富养女孩的内涵和气质，还有一个重要的方面就是增加女孩的艺术修养，这样培养出的女孩不但拥有善良、爱心、热情、温和等美好品德，而且在艺术熏陶下，她会由内而外散发出一种让人移不开目光的魅力。

娇娇出生在一个很平凡的家庭，爸爸妈妈都是工人。因为家里经济条件不好，还有生病的老人要照顾，所以从小到大她没买过什么漂亮衣服和高档玩具。娇娇的父母决定从培养女儿的品质和气质入手，

让她拥有同龄人所不具备的气质和修养。

在穿衣打扮上，心灵手巧的妈妈就亲手给女儿做衣服、改衣服。每次娇娇出去，大家都称赞她的衣服漂亮，时间久了，娇娇越来越喜欢妈妈准备的衣服，穿上也更自信了。

在学识修养上，父母会每月节省一些钱让女儿买书，妈妈还给娇娇办了一张图书馆的借阅卡，每月也会陪她去，希望女儿多读些书，丰富自己的头脑。

在艺术修养上，爸爸妈妈会带着娇娇去美术馆看展览；在家里播放古典音乐；爸爸还为娇娇买了口琴和陶笛。

另外，父母还特别注意对娇娇的言行举止进行教育，教会她如何接人待物，等等。正是在父母这样的教育下，娇娇成了众人眼中标准的"气质美女"。

由此可见，富养女孩的内涵，最重要的不是金钱和物质，而是品德、性格、修养，只有这些才能富足她更加美好的心灵和人生。

专家给父母的
管教课堂

著名儿童文学家冰心认为，父母应从各方面努力打造一个具有内涵的孩子。她的观点具体归纳为以下几点：

1. 让女孩懂得自尊、自信、自立。

2. 让女孩读一些具有文化内涵的书。

3. 帮助女孩树立正确的价值观和人生观。

第41招

为女孩提供富足的“精神食粮”

如何丰富女孩的“精神食粮”呢？真正的富养是最佳的解决之道。因为真正的富养是父母对女孩的“精神富养”，着重培养女孩丰富的内心、独立的人格、高雅的审美情趣和完美的品德。

下面这位父亲的教育经验就值得女孩父母们借鉴：

恩许是我的独生女，我们家庭条件很好，但这并没有养成她刁蛮任性的大小姐作风和挥霍成性的坏习惯。相反，在我们的教育下，她变得独立自主、知书达理、性格和善，而且眼界开阔、人缘极佳。

恩许还没出生的时候，我就查阅了很多教子书籍，并从里面总结出很多育女经验，最重要的一条就是：教育女儿最重要的不是物质而是精神。所以，在恩许两岁时，我就引导她读书认字、背诗、画画。等到恩许上学，我就经常带她去图书馆、展览馆、美术馆，让女儿开阔眼界。恩许特别喜欢画画，我就专门在这方面培养她，而且平时只要有画展，我都会带着她去。

一个精神贫乏、人格上有依赖性的女孩，是很难有快乐、安定、美好的人生的。而如果女孩父母们能够像上述事例中的那位父亲一样富养女儿，那么女孩一定会更有信心去创造属于她的美好人生。这里，就给女孩父母们提供一些具体的教养方法：

方法一：富养女孩的精神世界

书籍、音乐、绘画等这些都是孩子们精神世界的最佳“养料”，所以我们要富养女孩的精神世界，就要从这些方面入手。不过，女孩父母们要注意一点，那就是你不能强迫女孩去阅读、跳舞、画画，必须尊重她的喜好，并用科学的方式去培养她的兴趣。

富养女孩的精神世界，不能单靠一种方法或途径，而且除了要给予女孩知识、艺术等“精神养料”，父母还要和女孩多沟通、交流，用成人的阅历、价值观等去启迪女孩的心灵世界，让她更加理性，自主打造自己的幸福生活。

方法二：尊重并鼓励女孩保持自己的独立见解

慧慧是一个喜爱跳舞的小女孩，她的家境并不好，但当妈妈发现她的舞蹈天赋时，还是毅然决定花费昂贵的学费，送女儿去正规的舞蹈学校。可是慧慧只学了三次就再也不肯去了。妈妈不解地问：“慧慧，你不是很喜欢跳舞吗？为什么不去呢？”慧慧沮丧地说：“妈妈，芭蕾舞要立着脚尖跳舞，我觉得一点儿也不美，而且时间久了，我的脚就会直起来的，我不喜欢，这不是我心目中想要的。”妈妈听了女儿的话，沉思很久。但她决定尊重女儿的意愿，于是对女儿说道：“慧慧，如果你认为只有自己的舞蹈能够体现自己，那你就勇敢地做吧。”就这样，在妈妈的支持下，慧慧开始勇敢地追求自己的艺术，并最终成长为一位出色的舞蹈家。

慧慧的成功和她妈妈当初对她的支持和鼓励是分不开的，正是妈妈的尊重和鼓励，让她保持了自己的独立见解，成为一名魅力女性。

专家给父母的

管教课堂

著名教育专家林格认为，在孩子的成长过程中，父母需要提供给孩子以下“精神食粮”：

1. 尊重孩子的个人形象，多给孩子选择权。
2. 以身作则，成为孩子言行、习惯、性格、心态的好榜样。
3. 带领女孩走进“浩瀚书海”，领略书籍的魅力。
4. 给女孩一个可达到的目标，让她在不断成功中增强自信和勇气。

第42招
营造一个温馨、快乐的家庭氛围

一名刚上初中的女生在日记里写道：

今天，我正在房间写作业，外面又传来爸爸妈妈的争吵声，我试着不去注意这些，尽量把所有的注意力都放在课本上，但是他们的吵架声越来越大。其实像今天这样的情况经常在家里上演，甚至会伴随着敲桌子、砸板凳的声音，而每次都会弄得我心惊胆战。我非常讨厌这种感觉，为什么别人家都是开开心心的，而我的爸爸妈妈却总是大吵大嚷呢？我真的非常羡慕那些家庭……

爸爸妈妈一直没有停止争吵，我终于忍受不了了，推开房门，冲着正在客厅吵架的两人说："你们烦不烦啊！不要再吵了，我都没法写作业了！"谁知，妈妈一见我出来了，马上说："女儿，你出来的正好，你给妈妈评评理，是不是你爸爸不对……"

结果父母又一轮的争吵开始了，在一旁冷眼旁观的我看着他们口沫横飞的样子，脑袋都要炸了。突然，我愤怒地把客厅的餐桌掀翻，屋里顿时安静了。我哭着对爸爸妈妈大喊道："别吵了！我讨厌你们！我恨这个家！"

为什么事情会演变成这样呢？因为这个女孩感觉不到家庭的温暖，她感受到的只是父母的不和谐、不友好。据科学研究表明：一个家庭的和谐、稳定是孩子健康、快乐成长的首要条件。

那么，女孩父母们如何才能为孩子创造出良好的家庭氛围呢？

方法一：建立和谐的夫妻关系

对于回家，小华和叶子的感觉是完全不一样的。小华心中是欢喜的，因为回到家就可以和爸爸妈妈一起聊天，一起游戏，还可以手牵着手到小区的公园里玩耍。叶子却有一种恐惧感，因为她的爸爸妈妈总是吵架。放学后，她会在街头漫无目的地走啊走，希望太阳永远不要沉下去。

和谐的夫妻关系会给女孩带来心理安全感。在夫妻恩爱、温馨和睦的家庭里，孩子会过得幸福快乐，而且能够得到全方位的教育。而那些夫妻不和，缺少关爱的家庭，常常会产生“问题”孩子。尤其对渴望得到父母关心的女孩来说，如果她们无法感受到父母的和睦，她们会对家庭感到绝望，继而以早恋、离家出走等消极的方式进行对抗。所以，父母们为了自己的女儿着想，应建立和谐的夫妻关系。

方法二：多制造一些温馨的家庭话题

中国人常说“天伦之乐”，那何谓令人称羡的“天伦之乐”呢？我们从电视上看到的是一大家子温馨地坐在一起，愉快地聊天，开着善意的玩笑，女人们在厨房为大家准备食物，孩子们在穿梭嬉闹，这种温暖的感觉就是“家”的感觉，能让人闻到“幸福”的味道。

其实，在现实中我们完全也可以让女儿体会到这种感受，这就需要你学会制造全体家庭成员都可以参与的话题。当然，这个话题最好是温馨的、向上的、充满善意和爱的话题。

例如，全家人可以一起商讨为老人准备怎样的生日礼物；周末提议“全家约会”，讨论如何做出约会的详细计划和进程；妈妈要参加一场宴会，女儿和爸爸为妈妈做“衣着军师”；爸爸出差回来，妈妈和女儿商量如何给爸爸一个惊喜；等等，这些都是不错的话题。

方法三：为女孩营造快乐的家庭氛围

据有关调查显示：常伴有欢声笑语的家庭，女孩的智商和情商普遍都较高。因此，作为一个家庭中最主要成员的爸爸和妈妈，应该多为女儿创造笑声，让她在充满爱和欢笑的家庭里健康成长。

所以，父母首先要有快乐的好心态，具备一些幽默特质更好，多和女儿玩一些有趣的游戏，还可以去大自然中感受最原始的快乐……制造快乐的方法有很多种，最重要的是你有一颗为女儿快乐的心。

专家给父母的
管教课堂

“知心姐姐”卢勤认为，父母为女儿提供一个温馨的港湾，应该做到以下这些：

1. 家庭关系要和谐，夫妻就问题有争议，最好能和平解决。
2. 爸爸妈妈永远不能对孩子说：“你给我滚出去！”
3. 多和女孩谈一些开心、温馨的话题。

第八章

适度圈养——教女孩学会自我保护

圈养，并不是让父母把女孩牢牢“锁”在自己身边，

而是教会女孩保护自己。

作为女孩父母，你应该学会适度圈养女孩：

圈养女孩，但不干涉她的自由；

圈养女孩，要教会她明辨是非；

圈养女孩，要重视对她进行“性教育”；

圈养女孩，要引导她科学上网；

……

第43招

适度圈养让女孩有大家闺秀的风范

有一位妈妈为了女儿的问题，一直在犯愁：

我女儿今年刚升小学，本来想让她上暑假补习班，可是放假前那段时间，因为工作太忙，我没有及时为孩子报班，没想到转眼到了7月，辅导班名额已满，这下我没了方向，陷入了焦虑之中。于是，我索性就把孩子“放养”在家，让她想干什么就干什么，不要被繁重的学习压垮，过个自在的暑假吧。

没想到，女儿拼命地玩。该睡不睡，该起不起，饮食无节制，严重搅乱了她的正常生活。暑假作业不但马马虎虎，还完不成。一个假期下来，她没有任何收获，反而变得更懒了。这可怎么办呢？

很多时候，放任女孩去疯玩，父母就会担心她缺少管教，太野蛮没教养。在传统的德育观念中，好像乖女孩就是好孩子，好孩子就是要循规蹈矩；不为人先，不为人后……其实，适度圈养，不但可以达到保护女孩的目的，还可以把她培养成一个拥有大家闺秀风范的女孩。具体的教育方法是：

方法一：“圈养”之爱，择邻而居

一位母亲讲述了这样一件事：

我和老公由于工作忙，没时间带女儿，小丫头大部分时间由保姆带，保姆每天都带女儿到院子里和一群小伙伴玩。女儿两岁，正是喜欢模仿的年龄，渐渐地我们发现，女儿竟然染上吐口水、踢人等坏毛病。家里没有人教她这些，肯定是在外面学坏了，所以，我们赶紧让保姆把女儿“圈”在家中。

古代孟母择邻而居，如今父母有过之无不及。教育专家认为，出现这种情况时，关键是父母要多跟女孩在一起，告诉女孩是非对错。女孩在集体生活中总会学到坏毛病，但不能因此就不让她和同龄人在一起。有时候女孩子说脏话、学吐口水等，无非是想引起注意，倒不见得是“学坏了”。此时，父母应该适当引导。

有些教育机构还指出，过度“圈养”常常会导致溺爱，父母视女孩为心肝宝贝，不让她受一点“委屈”，对女孩的要求百依百顺。于是，有的父母为了给女孩出气而去找邻居打架；女孩不愿意参加学校组织的活动，父母就给她写“病假条”……于是，一批自私任性的小公主就这样养成了。

因此，父母应多些时间和女孩在一起，并且为女孩选择“好邻居”和“好环境”，让她在耳濡目染中变得气质卓然。

方法二：科学圈养，绝不“放任”

其实，“圈养”并不是不教养。有些女孩父母把“圈养”当“保障”，整天忙于工作、事业或打工赚钱，只是为女孩提供生活上的保障，而对于孩子的内心世界一概不闻不问。

教育专家认为，在现代社会，家庭中应尽量避免封闭式、隔绝式的“圈养”，也应摒弃无拘无束、放任自流式的“放养”。这些易导致女孩合群性、合作性的缺失，最容易形成“问题女孩”。

专家给父母的 管教课堂

如何利用“圈养”培养出一位大家闺秀呢？意大利儿童教育家蒙台梭利的建议是：

1. 为女孩营造一个轻松、和谐的家庭环境。
2. 适度圈养，培养孩子养成好性格。
3. 圈养也要注重女孩与同龄人的交流，注重培养她的社交能力。

第44招

圈养但不干涉女孩的自由

小学五年级学生语嫣的父母都在企业工作，在城里他们又没有别的亲戚，因而将女儿整天“圈”在家里。语嫣想找同学到家里玩，妈妈不让，说不能随便带别人到家里来。一次，好友可可来到语嫣家，想找她做个伴一起玩，可可按了好长时间的门铃，语嫣才打开防盗门，透过铁栅门脸上露出了无奈的神色：“妈妈不让我开门，我只能在家看电视。”除了每周上两次英语辅导班可以离开家几小时，其余时间语嫣就在家待着，干什么都觉得无聊。

很多父母认为，把女孩单独放在家里“圈养”，虽是无奈之举，但为了女孩的安全考虑又没有别的办法。因为把女孩锁在家里，她不可能去爬高上低，不可能去打架闹事，不可能去接触坏人，也不可能有玩水玩火失事的危险。因此父母为女孩准备了许多好吃的东西，还买了她喜欢看的动画VCD。但是站在家庭教育的角度看，过多干涉女孩自由实则是对孩子身心的摧残。

因此，我们应该在确保安全的前提下，让女孩走出去，多与同伴们在一起娱乐，多到大自然中呼吸新鲜空气，例如你可以给女孩找游泳教练让她学游泳，给女孩报名参加一些主题性的旅游和夏令营活动。另外，还有一些教育方法可以提供给女孩父母们：

方法一：满足女孩的“同伴”感

教育专家认为，现在独生女增多，从家庭范围看，家庭“同伴”是没有了，而邻里“同伴”因为父母观念和安全考虑也似有似无。相对来说，上学时间“同伴”还比较多，但父母如果采取“锁”的办法，那么女孩与“同伴”交往的机会就减少了。而无论从女孩成长角度，还是从心理健康的角度，满足女孩的“同伴”感是很重要的。

方法二：少些“约法三章”，多些“自由选择”

有一位女生平时在校喜欢打羽毛球，到了寒假家长专门制定了一个“约法三章”：不外出、不多打电话、不多看电视；多做作业、多看书、多休息。同时在家里准备了孩子喜欢吃的零食，家长回到家每天还要查查“库存”，发现少了就赶快添购。然而，这位女孩却不领情，对妈妈说：“我不需要这么多的零食，我要的是能出去玩”，妈妈听了脸色不悦，还嫌孩子不懂事。

很多父母对女孩的限制过多，当女孩提出反抗时，他们就说“这是为你的安全考虑”，岂不知这种强硬的限制，会让女孩变得生活乏味、埋怨增多、内向自卑，甚至有可能得抑郁症。因此，父母应该少些“约法三章”，多给女孩一些“自由选择”。

专家给父母的

管教课堂

英国教育家伊丽莎白 · 哈特利 · 布鲁尔认为，父母应该在远处观察和监督孩子，她的建议是：

1. 女孩每次去郊游前，父母要和孩子一起商讨“报平安”的时间。回来后，要随意地问她出门的情况。

2. 如果父母感到担心，可以和女孩朋友的父母进行沟通。

3. 如果女孩回家晚了，找出她晚回家的原因，并正确引导。

第45招

教女孩明辨是非，提高警觉性

女孩出生后，会用好奇的眼光来感受周围，也会用模糊的视线来认知世界，任何事物对她都具有强烈的吸引力，包括所有的好坏、是非、善恶。作为女孩父母，要用我们的知识和判断来告诉女孩如何做到明辨是非曲直。

一天，妈妈带女儿去市场买菜，看到街口有个十五六岁的女孩当众跪着，胸前挂着一块纸牌，上面写着《我要上学》的说明，说她死了母亲，父亲又卧床不起，她被某中专学校录取，却无钱报到，请求好心人施舍云云。小女孩看了，把钱从口袋里掏出又攥住了，对妈妈耳语道："她不是骗子吧？报纸上有过类似的报道。"

妈妈不置可否，让女儿自己思考。这时，小女孩打算拉着妈妈走。妈妈说："如果她不是骗子呢？"回家后，小女孩写了一封信："姐姐：你跪着乞讨多没尊严呀，自尊比识字还重要。高尔基小时候因为家里穷只上了两年学，他一边打工一边读书，终于成了世界闻名的作家。成才的路有好多条，上学不是唯一的。这里有50元钱，你买张车票回家去吧。"小女孩刚要出门上街，妈妈又说道："如果她是骗子呢？"小女孩想了想，又把最后一句话擦去了，重新写道："如果你想回家，我给你买车票，送你上汽车。"最后写上了联系电话。从此之后，这个小女孩做好事总会多留一个心眼。

现今社会，不良信息充斥在女孩的周围。如果父母不加以引导和教育，培养女孩明辨是非的能力，我们就算跟在女孩身边，又能有多大的益处呢。所以，管教女孩，首先要培养她明辨是非的能力。那么，有哪些方法可以帮助父母培养女孩明辨是非的能力呢？

方法一：对女孩要积极引导，坚持正面教育

有一位母亲的育女经验是这样的：

我女儿雪丽是小学二年级的学生，一天我送她去上学，在路上看见一个大一点的孩子把一个小一点的孩子推倒在地，旁边一个小孩打了那个倒地的孩子一下就跑了。另外有一个大一些的孩子，走上前扶起那个倒在地上的孩子，安慰他，叫他不要哭泣，要做个勇敢的孩子。

雪丽和我都看到了这一幕，我不失时机地问女儿："女儿，你认为哪一个孩子做得对？"雪丽认为扶起小朋友的那个小孩做得正确。我听到后，高兴地笑了，告诉女儿："妈妈希望你向那个做得正确的孩子学习，要助人为乐，而不是在别人受到伤害时落井下石。"

环境能影响人，为了使女孩不受周围不良环境的影响，父母不应急躁，而应坚持正面教育，因势利导，发挥女孩的主观能动性，使她们更具有明辨是非的能力，及时告诉女孩哪些做法是正确的，可以学习；哪些行为是错误的，不要模仿，并且教女孩学会去判断。这样她才不会受到不良环境的影响，同时能学习他人的良好行为。

方法二：以聊天的方式和女孩讨论社会不良现象

父母以聊天的方式和女孩讨论社会上的一些不良现象，并且渗透进自己的看法和观念，表明自己对社会上不良现象的看法，这就是一种教给女孩正确看待社会不良现象的方法。只有聊天，女孩才能将内心最深处的观点在不经意间表露出来，这就让我们能更好地把握她的思想动态。当然，我们也要不断提高自身的素质，更好地给女孩起到表率作用，就像教育专家徐国静所说："如果家庭教育仅限于如何培养儿童，而忽略真正需要提高的是父母的素质，那么这样的家庭教育很难取得预期的效果。"

另外，我们还要留意要从一开始就能做到和女孩一起成长，用孩子的眼光看孩子，时刻保持一颗童心。那么，随着女孩的成长，你会发现，在女孩慢慢读懂这个世界的同时，你也走进了她的世界。

专家给父母的
管教课堂

如何教女孩提高警觉性呢？英国教育家伊丽莎白·哈特利·布鲁尔给女孩父母的意见是：

1. 在女孩出门之前，询问她是否正为某事感到担忧。如果是，一起讨论解决办法。

2. 自信对女孩很重要，不要让女孩担忧可能会发生什么灾难，从而削弱她的自信。

3. 练习女孩的语言反应能力，快速、犀利的言辞可能比给对方一拳更加安全。

第46招

传授女孩科学的“性教育”

“在我国15～19岁的青少年中，8%的女孩有过性经历，其中，21.3%的人有过怀孕经历，4.9%的人有过多次怀孕经历。”这个数据来自2010年4月由国务院妇女儿童工作委员会办公室、联合国人口基金会和北京大学人口所联合发布的《中国青少年生殖健康调查报告》。调查还显示：最近两年，全国每年进行人工流产的未成年少女达到8000～10000人。而实际的数据应该远远高于这个数字，因为很多未成年少女做人流手术不是谎报年龄，就是选择去没有牌照的小医院。

为什么未婚怀孕的少女越来越多，而且年龄越来越小呢？当然，最主要的原因还是和“性教育”有关。虽然在很多父母的观念中，一说到要跟女孩谈“性”，就感觉难以启齿。其实，对于女孩的性格培养、树立良好的两性观念以及更好地保护自己来说，性教育是非常重要的。再者，性教育也并非一定要刻意为之，所以父母大可不必紧张。因为生活中处处都有教育的好机会，自然教育、随机教育的效果也是很不错的。

一般来说，父母在女孩的性教育问题上，可采取以下几种教育方法：

方法一：创造适合“性教育”的家庭氛围

其实，在家里对女孩进行性教育是最为合适的。因为无论作为父母还是女孩，家里都会给女孩一定的安全感、轻松感，因此，在对女孩进行性教育时就会少了很多压力。

一般来说，家庭成员的言行举止对女孩有潜移默化的教育效果，当女孩看见父母总是很亲近甜蜜、相互分享喜怒哀乐时，她就能从他们的体贴与关怀中体验到两性的和谐互动，这就达到了性教育的效果。所以，有时根本不需要刻意说教，就在平时的耳濡目染中，女孩就能学到与异性相处的正确态度。

相反，如果一个家庭中总是充满语言与动作暴力现象，那么女孩就会长期处于一种紧张与害怕的情绪中，同时也会获得不正确的两性印象，认为性别就是不平等的、是充满冲突和暴力的，自然就难以知道如何与异性相处。在这种家庭环境中长大的女孩，日后要建立正确的两性观念是相当困难的。

当然，即便父母整天争吵打斗，对女孩的爱还是一样的，还是可以通过其他方式对女孩进行性教育。但作为女孩父母一定要明白一点，无论再怎么努力去“教”，只要女孩身处家人相互责备、不满、两性关系不和谐的家庭中，对她的成长来说都是一种遗憾。

方法二：父母对女孩自然地谈论性

一位母亲对女儿的“性教育”经验是这样的：

自从我的女儿具备语言能力开始，我就借着洗澡的时候教她认识身体，让她觉得谈论“性”是很自然的。有时女儿会问：“妈妈，为什么我们的胸不一样？”“卫生棉是做什么的？”我都会认真回答女儿的疑惑。

其实，父母在家里和女孩讨论性和身体器官，是一件非常自然的事，不必为此惊慌失措。另外，父母要注意，在与女孩谈论“性”的时候，不要有太多的神秘色彩，否则大人都无法坦然面对“性”，再加上知识不足、难以找到有效方式等原因，要和女孩谈论“性”就感觉更加困难。

女孩对身体产生好奇是一种自然反应，父母无须以有色眼光去看待，不妨坦率地回答孩子提出的疑惑。当女孩询问关于性的问题时，就以她所能够理解的语言来直接回答问题，不要扭扭捏捏，也不需要转移话题或含糊其辞。早期压抑女孩对身体探索的欲望，会使她日后一提到性就感觉别扭，总是顾左右而言他，或是一味排斥、鄙视，甚至忽视，这对女孩正常的心理发展都是很不利的。

方法三：让女孩注意自我保护，清楚身体界线

在女孩正确、坦然地认识身体之后，就要让她知道隐私与自我保护的重要。其实，在教导女孩认识身体器官时，就要让她明白不能暴露身体的某些生殖器官，这并不表示那些部位是可耻的，而是出于对个人隐私权的尊重。

父母可从小教导女孩保有自己身体的隐私权，不能让别人随便触摸自己的身体，也不要随便触摸别人的身体。当然，那些出于礼貌的举动，如摸头、触肩等就另当别论了。不过，每个女孩对身体的感受都不同，如果女孩对亲友的拥抱或触摸确实感到不舒服，做父母的一定要相信并尊重她的感受，以委婉的口气向亲友说明，以减少身体不适给女孩带来的心理困扰。

专家给父母的

管教课堂

在女孩“性教育”的问题上，著名教育专家郑委认为父母应从以下几方面去做：

1. 重视情感教育，帮助女孩树立正确的人生观、价值观、恋爱观、家庭观和婚姻观。

2. 让女孩通过百科全书或专门的读物等正规渠道学习生理知识。

第47招

教女孩科学上网，远离网瘾

有一位父亲苦恼地讲道：

我上初三的女儿最近因为沉迷于网络游戏，学习成绩大幅下滑。女儿明知道玩游戏不好，但每天都要开电脑，对着电脑不自觉地又开始玩游戏了，有时候还玩通宵。我真怕女儿染上网瘾，但又不知道怎么办。

其实，父母们在面对女孩沉迷于网络的问题时，一定要注意分清“网瘾”与一般性质的迷恋的差别。通常，网瘾是指上网者由于长时间和习惯性地沉浸在网络时空当中，对互联网产生强烈的依赖，以致到了痴迷的程度，而难以自我解脱的行为状态和心理状态。大多数女孩只是不同程度的迷恋，与“网瘾”差距比较大。所以，父母在引导女孩科学上网的问题上，一定要采取更为合适的教育方法：

方法一：对于女孩初次上网需要正确引导

在女孩上网初期，父母可与孩子一同上网，帮助她找出一些比较优秀的网站，告诉女孩在网上哪些事可以做，哪些不能做，哪些信息不好，应该怎样分辨、判断、选择信息，怎样在网上进行自我保护。这种指导如同打预防针，目的是增强免疫力。

方法二：与女孩制定“上网协议”

一位母亲和女儿有这样一个上网协议：

我同意女儿在家上网，并负责做孩子爸爸的工作，但我要有监督权，知道女儿浏览的网页，并和她随时进行业余爱好方面的交流。之前女儿进入初中后迷上了上网，和老公因此发生冲突。女儿觉得自己是以学习为主，娱乐为辅，但老公不认可，结果女儿很委屈。我和女儿交流后得知，她加入了学校的生物小组，小组学习得到中科院计算机网络信息中心的支持。

由此可知，父母可和女孩一起订立一些双方共同接受的上网条约，对孩子的网上活动进行约束。如约定做完作业再上网，规定每天、每周的上网时间、上网目的、上网内容等，树立守信用、重承诺的意识。

方法三：避免女孩网络依赖症

心理学研究表明，缺乏亲情关怀的女孩更有孤独感，交异性朋友的欲望也更为强烈。许多女孩在家里感受不到家庭的温暖和父母的关爱，才会到网上寻求感情慰藉。

因此，作为女孩父母，无论工作多么繁忙，都要注意与女孩有足够的交流，给予她及时的关怀，使女孩觉得生活得充实而有意义，避免将情感和精力耗费在网络上。

专家给父母的
管教课堂

面对女孩“上网”的问题，著名教育专家王金战给女孩父母们的教育方案是：

1．学会给女孩确立目标，分散她在网络上的注意力。

2．父母要有耐心，并且要为孩子提供一个温暖、民主、宽松的家庭环境。

3．父母要学会从改变自己开始，更要学会跟女孩进行良好的沟通。

第48招

教女孩走出“早恋”的梦幻城堡

一位母亲向教育专家讲述了女儿“早恋”的事情：

一天，好心的邻居提醒我：“这几天放学，都是一个男孩送你姑娘回的家……”后来，我通过观察也发现，女儿总是偷偷埋头给“男友”发短信。其实，我知道正上高二的女儿和班上一名男生在谈恋爱，可我管不了。

我和丈夫都在上班，女儿上高二后，种种迹象表明她恋爱了，“对象”是班上的一名男生。去年国庆节，女儿有两天没回家，据说是跟男朋友在一起。为了“挽救”女儿，我辞掉了工作，没收了女儿的手机，中午给女儿送饭，晚上接女儿回家。当然，我是在关心她，也是希望“监视”她。

不过，那些天，女儿的情绪不稳定，一回家就和我们大吵大闹：“你们再干涉我，我以后就不上学了！”“你们非要把我逼死了才甘心？”女儿从小就任性，我和丈夫都怕了，不愿看到女儿因此辍学，更不想失去女儿。面对女儿的早恋，我们只好睁只眼闭只眼。

女儿早恋后，成绩一落千丈，现在在班上“摆尾”。我曾找过男生的家长，希望配合教育，然而那是个单亲父亲，根本顾不上孩子。

有时，放学时分路过一些高中，我总能看到揽腰前行的少男少女们旁若无人般亲昵。见了这一幕，我就揪心，仿佛是看到女儿。

每每看到未成年少女堕胎、因失恋自杀的事件见诸报端，我都心惊肉跳，我怕哪天这样的事会发生在女儿身上。我现在虽然只有50

岁，头发却已经花白了，看上去比实际年龄苍老许多。

女孩的早恋问题的确令父母们很头痛，但谁又能说，她的“早恋”与父母、家庭没有一点关系呢？其实父母们最需要注意的是，对于青少年早恋问题，堵不如疏。由于青春期的萌动，女孩对异性产生好感是一种正常反应，父母不应大惊小怪，更不应把事情扩大。相反，动之以情，晓之以理，女孩一般都会接受。

有哪些方法可以帮助父母教女孩走出“早恋”的梦幻城堡呢？

方法一：顺其自然，慢慢引导女孩

对于处在青春妙龄的少女来说，心中对爱的渴望及“春心萌动”是正常现象，是生理发展的必然阶段，绝非人为可以禁锢。

但同时也要意识到，男女之间并非只有爱，更多的还是友谊。有时候，孩子之间可能只是单纯的喜欢和一些好感，父母却强把“早恋”的罪名加上去，促使女孩真的加入了“早恋”的队伍。

对于女孩，不要一味地禁止，十几岁的她们正处于逆反期，有自己独立的思想，不再像小时候那样轻信大人的话。所以，这时候只能慢慢引导女儿，用理解的语言、成人的思想平等地和女孩沟通、交流。

有一位母亲的育女经验是这样的：

女儿也会和我聊起班上的男孩，有她喜欢的，有喜欢她的。我心里也很着急，表面上却不动声色，只是很简单地问：“他成绩怎么样？”如果说一般，我会略带讽刺地说：“哦，原来只是一个花瓶啊，光好看学习不好有啥用啊！女儿啊，有点水平好不好？要喜欢也要喜欢一个学习好、各方面都出色的嘛，这样才配得上你啊！”丫头听我夸她，心花怒放，马上和我站在一条战线上：“是啊，他不够出色哦，算了，不喜欢他好啦。”如果对方是成绩好的男孩，我就会说：“那你成绩要超过他啊，否则他会看不起你，那你不是很难受？”

其实，女孩很单纯，情感也很单纯。她们的“早恋”仅限于能多说上两句话、多看上两眼，强加压制，只会更多激发她们心中的情感，让她们更强烈地想去“早恋”，倒不如顺其自然，慢慢引导，让她们安然度过青涩的岁月。

方法二：让女孩体悟早恋的弊端

很多时候，如果决断是女孩自己做出的，那么往往更加理性和彻底。父母一味地强制与扼杀，往往适得其反。有些父母很强势，不惜恐吓、监控以威胁女孩，不料却加速了女孩早恋的决心，一吐心中烦闷。事实上，多一分理解，让女孩自己去体悟早恋的利弊，会更加有效。

专家给父母的**管教课堂**

心理专家李子勋认为，父母应该换一种视角看待孩子的“早恋”问题：

1. 父母给女孩“恋情”方面的指导时，应是朋友式的，或者是旁观者建议式的。

2. 父母要重新评价对女孩的前期印象，要对孩子重新定位，不要认为她在“恋爱”方面还是白纸一张。

3. 父母要意识到孩子有这样的情感活动，要仔细、谨慎地考虑孩子需不需要指导，以及怎样指导。

第九章

性格塑造——养出女孩好性格

好性格养成好习惯，好习惯创造好生活。

性格培养是女孩人生的必修课，

也是父母最为主要的亲子教育课，因为：

积极乐观的性格，会让女孩充满活力和阳光；

坚强勇敢的性格，会让女孩战胜痛苦和悲伤；

自信独立的性格，会让女孩变得更加接近成功；

……

第49招

打造积极乐观的阳光女孩

众所周知，乐观是成功的催化剂，它对一个人的成功有着举足轻重的作用。乐观的女孩总认为自己是幸运的，即使遭遇挫折，她还是坚信有能力改变现状，她们会拿出自己最好的状态与挫折作斗争。因此，乐观的性格是女孩应对人生中悲伤、不幸、失败、痛苦等不良事件的有力武器。

一般来说，女孩的乐观首先来源于父母的乐观自信和幽默豁达，所以，父母应当切实地帮助女孩正确对待并战胜她们面临的困难，将自己的乐观精神传染给孩子。这样，即使在她们以后的生活中碰到困难挫折，她也能始终保持健康的心态，有心理承受力。

那么，有哪些科学的教育方法可以帮助我们使女孩乐观起来，远离那些悲观、孤僻、伤感的不良性格呢？父母可以采用以下几种方法：

方法一：创建愉悦、豁达的家庭气氛

小楠刚上小学不久，就经历了一场变故，她的父母离婚了。小楠舍不得爸爸，更离不开妈妈，她想改变父母的状况，却没有能力。

小楠终日闷闷不乐，每做一件事，总是先想到最坏的结果：电视上正在上演一部电视剧，小楠就对妈妈预测结局："他们两个好不长，最后肯定会分开，像你和爸爸一样。"有时，窗外下起了雨，小楠就会呆呆地站在窗边，不发一言。随着年龄的增长，她的悲观情绪越来越严重……

科学研究表明，生活中开朗乐观的人不仅身体健康，而且婚后生活较为幸福，人际交往更顺畅，事业上也更容易取得成功。而一个家庭的气氛，家庭成员之间的关系，在很大程度上会影响女孩性格的形成。因此，父母要给女孩创造温馨、愉悦、豁达的家庭环境，这样才能培育出一个阳光的小淑女。

方法二：为女孩的生活“减减负”

现代家庭中独生子女越来越多，父母们把所有的希望和寄托都放在唯一的孩子身上，结果从很小的时候就让女孩学习外语、绘画、钢琴等，也不管孩子是不是喜欢、能不能承受得住，每天都只管为孩子安排紧凑的生活。

为女孩减减压，给予她们自由的选择权利。是上午练钢琴、下午学书法，还是晚上学英语，都由她自己选择，她不愿意去做，也不要强迫，否则会让女孩对生活失去兴趣，继而产生悲观的情绪。

总之，父母不要从小给女孩太多压力，而是告诉她：“乖女儿，如果你对这个没兴趣，可以选择你喜欢的……”

方法三：引导女孩学会自我调节

在家庭中，父母随时注意指导女孩自我排除心理障碍，学会自我调节情绪，使悲观情绪、不良情感或其他心理障碍及时得到化解，也就不会导致悲观性格的形成。

有一位母亲是这样做的：

一天，女儿从学校回来就闷闷不乐地回到自己的房间，并把房间的门关上。我感觉她不对劲，便在吃晚饭时问她：“今天学校有什么高兴的事呀？”“没有高兴事，但是有伤心事。”女儿不高兴地回答。“什么伤心事，能告诉妈妈吗？”我问道。

“今天老师让同学们选一个人当班长，同学们大多数都选了高越，只有少数的几个人选了我！”女儿伤心地说。“大多数同学选高越当班长，说明高越身上优点比你多。你要向他学习，然后比他更积极地表现，说不定下学期，同学们都选你了！”我开始引导女儿。“可是，我现在就想当班长！”女儿有些着急了。

“现在你在同学们中间没有太大的威信，就算你当了班长，同学们也不会服你的。如果你用这段时间好好表现自己，下学期不要说当班长，还会被评为三好学生呢，你说是不是？”我问道。“嗯，是。”最后，女儿同意了我的看法，开始高兴地吃起饭来。

女孩有了苦闷，做父母的要让她尽量诉说，发泄其情绪，不要让她的委屈长期压在心头，更不要不问青红皂白地批评、斥责。你可以回避女孩敏感、忌讳的话题，或者转移她的注意力，减轻其心理负担，等等。

专家给父母的
管教课堂

美国著名儿童教育专家塔尼可博士对于“父母如何培养孩子乐观开朗的性格”这一话题，给父母们的教育方法是：

1. 让孩子拥有适度自信；
2. 不要对孩子限制过严；
3. 鼓励孩子多结交朋友；
4. 教孩子与人融洽相处；
5. 培养孩子各方面兴趣；
6. 创建快乐的家庭气氛。

第50招

教女孩用“坚强”战胜痛苦

据美国心理学家调查，一些人之所以智力高，与他们从小树立起的三种性格品质有关：不畏挫折的坚持力，善于为实现目标不断积累的忍耐力，自信心。

其实，这三条都属于性格的意志特征，具有这些坚强的性格品质，对弥补女孩能力的不足及对能力的发展都有很重要的作用。

依赖父母，女孩只有软弱性，当她们走入社会时，没有坚强的意志，暂时的困难与挫折就能把她们击倒。作为父母，我们应该意识到：坚强的意志，对女孩的成长是非常重要的。以下这些教育方法对女孩父母有着重要的作用：

方法一：让女孩学会自己生活

一些父母对女孩百依百顺，不让孩子做任何事情，而舒适、平静、安稳的生活，无疑剥夺了女孩自我表现的机会；衣来伸手、饭来张口的生活方式，直接导致了女孩独立生活能力的退化。

要培养女孩成为强者，父母首先要鼓励女孩做力所能及的事情，让她学会自己生活，把握自己。

10岁的小薰执意要学骑车，妈妈就对她说：“那好呀，你一定要坚持学会才行。”于是，妈妈就带着小薰去学骑车。刚开始，小薰怎么也骑不好，一定要妈妈推着她才行。后来，妈妈把她带到有小朋友骑车的场地去，先让小薰看别的小朋友是怎样骑的。

看到别的孩子骑得自由自在，小薰也想试一试。可是，她怎么踩也踩不动，急得直叫妈："妈妈，帮我推一下。"

"你用劲往下踩就行了。"没办法，小薰只好拼命踩，居然真的动起来了。但是，没过多久就翻车了，小薰摔在地上疼得大哭。

看着小薰坐在地上哭，妈妈也很心疼。但是，妈妈想到的是应该锻炼孩子的胆量和意志。于是，妈妈狠狠心对小薰说："快站起来，继续骑。"就这样，小薰终于学会了骑车。

善于自理生活的孩子是个坚强的人。在生活中，能够自己处理事情的女孩往往会表现出坚强的一面，在面对挫折和困难时，她会用自己的能力去处理这些问题，不会无所适从。因此，女孩父母要让孩子学会自己生活，让她自己去面对生活。

方法二：教女孩凡事再坚持一下

一位英国母亲是这样描述自己幼年经历的：

有一次，我和小朋友们一起做游戏，由于不小心，手指被同伴弄出了血，非常疼，我的眼泪就要掉下来了。但我在心里告诫自己，一定要坚持住！最后，我忍住了眼泪，装出一副若无其事的样子，继续和小朋友们玩，因为我知道，一旦我的眼泪掉下来，同伴们就会认为我是懦夫，以后再也不会和我一起玩了。现在，我也告诉我的孩子，在遇到困难的时候，要坚持一下，再坚持一下，你就是强者！

专家给父母的
管教课堂

如何教女孩变得更坚强呢？教育专家王金战给出的建议是：

1. 帮助孩子制定解决问题的办法，逐步建立起她们对抗困境的自信心。

2. 父母不要苛求孩子完美无缺、屡战不败，允许孩子失败。

第51招

让“娇娇女”的性格越来越独立

所有宠爱女孩的父母都把自己的孩子当做公主。如果女孩是独生女的话，父母的生活更是围绕女孩转：给她穿漂亮衣服，买最新版的洋娃娃，不让女儿做任何事……父母把全部的精力投入到女孩身上，总想着做女孩的“保护伞”、“庇护神”，然后火眼金睛地守在女孩身边，希望自己为女孩解决所有的困难，让女孩一辈子无忧无虑。父母把女孩养成了一株娇嫩的玫瑰花，风吹不着、雨淋不到。

可问题是，女孩不是一株温室里娇弱的、没有主张的玫瑰花，而是一位有思想有头脑的公主。如果我们把她当成玫瑰来养育，女孩就会以为自己真的是一株玫瑰，值得拥有世界上最好的一切，她会只关注索取，而不会谦逊地感恩，更不会自己生活。

现在很多女孩都缺乏独立性。她们从小就不会洗衣服，不会叠被子，甚至连自己的书包、玩具都由爸爸妈妈来收拾。这是一种非常令人担忧的状况。在女孩小的时候，她可以依赖父母，但她长大后，要面临求学、择业、结婚、生子等一系列事情。如果没有一定的独立能力，怎么去承担这些事情呢?

所以，我们要想让女孩变得独立，就要放开自己的手，不要把女儿的一切事情都包办到底。另外，我们还要多给女孩选择和思考的机会，这样，女孩就会慢慢变得独立了。父母们可以参考以下几点教育方法：

方法一：根据女孩的承受能力为其分配任务

5岁的翠翠是家里的独生女，平时爸爸和爷爷奶奶都很宠爱她，妈妈虽然也很爱她，但希望女儿能够独立起来。所以妈妈常常让翠翠独立去完成一些事，但可能是翠翠的妈妈太急于求成，她总是让女儿去做那些超出孩子可承受范围的事情，例如让女儿准备全家的饭菜、给女儿买一些高深的书、让女儿做小学三年级的试题，等等。结果，翠翠犯错的概率开始变多，自信心也消失得很快。

其实，我们应该将日常生活中女孩能力范围之内的事务交给她独自处理，并观察女孩的完成情况。但是，倘若把超出该年龄段承受能力或是极其复杂的事务交付给女孩，就像上例中的翠翠妈妈，则很有可能会产生副作用。因此，在培养女孩的自立性时，一定要考虑到孩子的年龄因素。

方法二：帮助女孩克服对父母的依赖性

专家指出，依赖是孩子情感的需要，每个孩子都有不同程度的依赖心理。小女孩们由于阅历浅，经验少，遇到问题往往不知所措，因此对父母有一定的依赖心理是正常的。但是过分依赖的心理是有害的。具有过分依赖性的女孩往往表现出无主见，经常产生无助感，会严重影响她们的成长。

因此，改掉女孩依赖性强的毛病首先从改变女孩父母出发。例如：

父母不要让女孩受到特殊待遇；

不去过分注意女孩的表现，避免当众滔滔不绝地夸耀女孩；

对女孩的物质享受方面的要求不要轻易满足；

女孩身体稍微不适，不要惊慌失措；

不要事事包办，当面袒护；

……

父母要尽量为女孩创造锻炼的机会，可以从日常生活琐事做起，让女孩做力所能及的事。父母除了要提高女孩的生活自理能力外，还要时常鼓励女孩自己去寻找独立锻炼的机会。

我们可以这样做：鼓励女孩积极参加学校组织的社会实践活动，

让她在活动中多承担任务，使自己有机会独立面对问题，促使自己拿主意、想办法；鼓励女孩勇敢地迈出第一步，当她独立完成一件事情后要及时鼓励，增强女孩的自信心；另外，当女孩遇到挫折时多给予帮助、理解，和她一起分析失败的原因，研究解决问题的办法。

总之，克服女孩对父母过分依赖的心理的方法有很多，父母可以结合女儿的特点，根据实际情况，选择合适的方法。经过长时间的锻炼之后，女孩过分依赖的心理就会减弱，“娇娇女”也会变得独立起来。

专家给父母的
管教课堂

德国著名亲子专家卡尔·威特认为，教养孩子首先要把孩子放在与自己平等的地位上，他认为父母最好这样做：

1. 不要事事包办，科学地去培养自己的孩子。
2. 在培养孩子的独立性时，要考虑到她的年龄因素。
3. 从小事做起，培养孩子的自理能力。

第52招

帮女孩建立足够的自信

一位母亲忧虑地对心理专家谈起了自己的女儿：

我女儿幼幼今年上初二，她长得有点黑，而且很胖，因此很自卑。她一直认为同学们不喜欢和她玩，于是不太愿意主动跟同学们交往，总是一个人躲在角落里默默地学习。

一天下课后，她依旧留在座位上演算数学题。几个男孩子在教室里追着玩，一个男孩不小心撞到了她，他向幼幼道歉。幼幼不敢抬头，继续写着作业。那个男孩便说了句，“牛什么啊，不就学习好点吗？”

幼幼听了之后特别委屈，她根本不是骄傲，而是不敢抬头回答。从那以后，同学们都觉得她是个孤芳自赏的人，更不愿意与她交往了。由于与同学关系紧张，幼幼变得更加自卑，总觉得是相貌的缘故，同学们才不喜欢她。

通常，自卑的深层次原因是孩子没有客观地认识自己造成的。许多女孩只看到了自己的缺点，从而沉迷在自卑的负面情绪中不能自拔，认为自己处处不如别人，做什么都没有信心，严重地影响了她们的身心发展。我们都知道，自信是成功者的必备品质。我们必须想办法培养女孩的自信心和自豪感，让她能够客观地评价自己，认清自己的优势和劣势，从而扬长避短。

方法一：教女孩学会“积极暗示”

有一位父亲的育女经验是这样的：

我对女儿的教育一直比较讲究方法，女儿做事时，我总是鼓励她，而且从来不打骂她。可就是这样，女儿在外人面前还总表现得不自信。比如，我带着女儿出门，路上遇到了同事，同事夸女儿说“你长得可真漂亮”，女儿会马上反驳道，“我长得不漂亮，我长得很丑。”如果同事问她“你学习怎么样？”，女儿的回答总是，“不好，我学习不好。”

见女儿如此不自信。我让女儿每天睡觉前和起床后，都对着镜子说10遍：“我是最棒的！”另外，每周六晚上都要总结出自己的几个优点或者本周做的成功的事情。经过半年之后，女儿的自信心树立起来了。

对于做事缺乏信心的女孩，特别是那些自卑感强的女孩，在不断肯定她们的微小进步，指出她们的闪光点的同时，父母还要教育她们在面临困难和挫折时，进行积极的自我暗示：“我能行”，“我再努一把力就会做好的”，“我不会被困难吓倒”……

方法二：在女孩缺乏自信时，及时给予鼓励

父母要在女孩缺乏自信时，及时给予鼓励，告诉她“你可以”。例如你在平时女孩表现出自信的时候及时给予表扬和鼓励，让她淡化“我无能”的心理，树立起“我能行”的心理；当然，也可以通过闲谈的形式，给女孩讲一些名人怎样从缺乏自信到变得充满信心，让女孩从他人的事例中学习一些经验，这比直接说理更容易让孩子接受。

方法三：随时巩固女孩的自信

巩固女孩的信心是个不间断的过程，当父母看到女孩因不断成功而树立起信心时，千万不能以为大功告成，更要不断鼓励女孩，巩固其自信心。

有一位母亲是这样做的：

有一天，家里来了客人，女儿害羞地瞅着客人，嘴巴动了动，但还是没有发出声音。这时，我凑到女儿的耳旁说了一句话，女儿高兴地跑开了，一会儿手里拿着自己的水果跑出来，送到客人面前：“阿

姨，吃水果。”客人见女儿如此懂事，夸奖了她几句。等女儿回到自己的房间后，客人问我：“刚才你在孩子耳旁说了些什么呀？”

“我们家孩子胆子很小，见到生人不敢说话。刚才我看出来了，她想和你打招呼，但又不知道说什么，于是我对她说：‘你要是不知道和这位阿姨说什么，就拿出你的水果来招待阿姨。’这样既让这个小家伙表现了自己，又增加了她的自信心。”我自豪地说。

由此可知，女孩只有在不断的鼓励中，进而通过自己不断的努力来树立起自信。因此，父母要注意随时巩固女孩的自信。

专家给父母的
管教课堂

教育专家李中莹给父母提供的一些帮助孩子建立自信、自爱和自尊的简单易行的技巧，可归纳为以下几点：

1. 做错时不加以姑息，但不以奖励或惩罚操纵孩子，或者在自己情绪不稳时对孩子加以斥责。

2. 父母可根据孩子的兴趣、能力和价值观，制定一些让孩子做事的、符合实际的目标，并且给予鼓励和支持，但不代替其做事。

第53招

勇敢的性格让女孩更容易成功

现在的独生女，只要离开父母，便普遍胆小：在学校害怕、在野外害怕、独自在家害怕、天黑也怕、看见虫子也怕、有烦恼也怕……这种以怕为主调的性格，势必要给孩子的一生蒙上一层阴影，让她变得懦弱、胆怯，无法勇敢地面对生活。

一位母亲讲述了这样一件发生在女儿身上的事情：

有一次，女儿跑累了往公园草地上一躺，正要打滚，忽然尖叫一声，跳起来跑开，红彤彤的小脸蛋都吓白了。她抱住我惊恐地说："一条大虫子，妈妈，我害怕！"

我用平静的语调说："一条虫子有什么可怕？有很多小女孩连更大的虫子都不怕！"

我走近那块草地，看见一条两厘米长的绿色肉虫子在蠕动，就用手捏起来，放在掌心里，叫女儿过来看：这是一条没有任何攻击力的草虫子，她看了一会，已经不那么怕了。我让她捏起来，她开始不敢，后来半挤着眼睛捏起来，扔到了垃圾箱里，自那以后，女儿再也不怕虫子了。

如果你真的爱女孩，就从她孩童时起，对她进行勇敢心性的培养与训练，这样，她在人生道路上才能无所畏惧。具体教育方法如下：

方法一：给女孩一些冒险的机会

8岁的杨柳和爸爸打羽毛球时，不小心把球打飞上了房顶，杨柳对爸爸说："帮我搬梯子行吗？我要爬上去捡球。"爸爸说："我可以帮你，不过你要答应我一个条件。”“什么条件？”“爬房顶是很危险的，你一定要抓牢梯子，到了房顶不要乱动；另外，为了你的安全，爸爸要和你一起上去。”杨柳答应了。在爸爸的帮助和保护下，杨柳顺利地拿到了球，小脸上洋溢着满足和喜悦。

在有安全保障的前提下，我们应该鼓励女孩玩一些带有冒险成分的游戏，比如荡秋千、滑板、游泳、骑自行车等；如果条件允许，还可以尝试坐过山车、登山、跳水等。面对女孩的冒险活动，父母要从容对待，并不失时机地给予肯定和赞赏。当然，作为父母，你一定要事先给女孩讲明活动的危险性和需要注意的事项，让她做好充分的心理准备；必要时，和女孩一起冒险，给予她具体的指导和必要的保护。

方法二：不要时常“恐吓”女孩

学龄前女孩对父母的依恋性很强，如果动辄扬言“不要你了”、“送给别人”，女孩容易产生被遗弃的感觉，变得胆小内向。有的父母在女孩哭闹时经常用“狼来吃你了”、“妖怪来了”等吓唬孩子，也会让女孩感到恐慌。

所以，我们在教育女孩时要讲究方法，不要依靠威胁和恐吓获得女孩暂时的乖巧，应该寻找她不听话的原因，然后对症下药。同时善于理解和赏识孩子，不要用过高的标准来要求她做力所不能及的事情。

专家给父母的
管教课堂

德国著名亲子专家卡尔·威特在训练儿子的勇气时，采用的教育方法可归纳为以下几点：

1. 父母不要过度保护孩子，去阻止孩子做事，这会让孩子失去自信心和勇气。

2. 父母不要出于担心孩子安危的考虑，而忽略对他们勇敢精神的培养。

3. 从小就应该想办法让孩子明白勇气的价值。

第十章

气质培养——培养女孩优雅的魅力

什么样的气质会让女孩散发迷人的气息呢？

温文尔雅的谈吐，让她在社交中无往不利；

干净整洁的仪表，让她在他人心中留下深刻印象；

端庄得体的衣着装扮，让她拥有一种亲切柔和的美；

知性大方的气质，让她成为人群中不可忽视的焦点；

……

那么，作为女孩父母，我们如何培养女孩以上的气质呢？

想知道答案，就翻看这章吧！

第54招

培养女孩温文尔雅的谈吐

俗话说："良言一句三冬暖，恶语伤人六月寒。"说话的魅力直接影响到说话者是否对对方具有吸引力，关系到双方是否具有良好的人际关系。同时，还影响到自己能否在与别人说话时表现出的自信，能否具有自如说话的勇气。所以，我们在把女孩培养成一位谈吐温文尔雅的小淑女时，一定要注意增强她说话的魅力。

谈吐礼仪是通过传递尊重、友善、平等的信息，给人以美的感受。父母在培养女孩的谈吐礼仪时，一定要注意培养女孩在说话的语气、语调，说话的身姿、手势、表情等方面的"美感"，因为这些都可以折射出她是否具有吸引力。

一般来说，父母在培养女孩谈吐礼仪时，一定要让她注意以下这些问题：

音量要大小适中，最好具有美感；

尽可能使声音听起来柔和；

讲话速度要快慢适中；

讲话时应吐字清晰；

说话要讲究文明礼貌；

……

若女孩能做到以上几点，那么她一定会成为一个谈吐优雅、举止有仪的小淑女。当然，除此之外，父母还有很多方法可以尝试：

方法一：妈妈要做女孩的好榜样

在气质塑造上，妈妈对女孩的影响是非常大的。女孩常常把妈妈当成模仿对象，如果妈妈不注意自己的言谈举止，那么女孩也会变得“不拘小节”，并演变成一种常态。

有一位母亲后悔地讲述了自己女儿的事：

我是一家建筑公司的项目经理，由于经常接触一些男性，我的性格变得非常豪爽，说话也粗声粗气，有时候还大声批评下属。没想到，在我的影响下，女儿也变得“不拘小节”，常常大喊大叫地唱歌，把玩具弄得缺胳膊少腿，有时候还带着小伙伴去和其他小孩打架，俨然成了“假小子”。

所以说，要想把女孩培养成谈吐优雅、举止有仪的小淑女，妈妈首先要做一个优雅的女人。

方法二：告诉女孩优雅谈吐礼仪的标准

很多父母都希望女孩能够成为一个谈吐优雅、人见人爱的魅力女孩。在生活中，当女孩言谈有失妥当的时候，父母应该及时纠正，比如：

别人讲话时认真听，不要随意打断；

别人向你指明你的失误时，不要生气，要感激；

别人的话很不合理，也不要急着反驳，应说出你的道理；

别人的观点好时，要微笑点头称赞；

和人说话时不要粗声粗气，语气要温柔和缓；

和人交往时，要多用“请”、“谢谢”、“早上好”等文明用语；

和人交往时，要常常面带微笑，表现出对他人的尊重和理解；

公共场合不要做出剔牙、挖鼻孔、掏耳等不雅动作；

……

总而言之，在培养女孩温文尔雅的谈吐方面，我们不要用教训、批评的方式，而要把优雅谈吐的标准告诉她们，并在生活中反复练习。相信通过父母的引导和反复练习，女孩肯定会把优雅的谈吐变成一种习惯，成为一个人见人爱的女孩。

专家给父母的
管教课堂

女孩说话粗鲁怎么办呢？教育专家王金战的教育经验是：

1. 做个高雅的父母，成为女孩的好榜样。

2. 找到影响女孩粗鲁行为的原因，然后“对症下药”，帮助孩子解决问题。

3. 当发现女孩行为、语言粗鲁时，不要否定孩子，而是要选择合适的方式批评孩子粗鲁的行为和语言。

第55招

重视培养女孩的仪表美

有一个心理学家做过这样一个实验：

黄昏时分，分别让一位身穿笔挺军装的海军军官，一位手持文件夹的青年学者，一位打扮入时的漂亮女郎，一位挎着菜篮子的中年妇女，还有一位留着怪异发型、穿着邋遢的男青年在路边搭车，结果漂亮女郎、海军军官、青年学者的搭车成功率很高，中年妇女稍微困难一些，那个男青年就很难搭到车。

这则故事告诉我们，不同的仪表代表了不同的人，随之就会有不同的机遇。其实，仪表是素养和品味的体现，仪表总和成功连在一起。作为父母，我们时常会有这样的感受，不管女孩的相貌如何，如果她干净整洁地出现在大家面前，很快就会博得他人的喜爱，我们也会感到很骄傲；但如果女孩邋里邋遢，头不梳、脸不洗地出现在众人面前，即使其他人没说什么，我们也会感觉特别没面子。

当然，除了父母的“面子”问题，不注重仪表美还会对女孩的生活产生诸多的影响。例如，不注意干净整洁的女孩，往往很难拥有优雅的气质，很难成长为一个真正的淑女；不讲究仪表美的女孩，往往不被他人所接受，很难获得良好的人缘；不讲卫生的女孩，容易生病，拉肚子、长蛀牙、易感冒，等等。

因此，作为女孩父母，我们应明确这样一个道理：女孩子不讲究卫生、不讲究仪表美，是关乎其个人际遇的一件大事。那么，如何培养女孩的仪表美呢？

方法一：教女孩讲究卫生，远离邋遢

我们必须严格执行卫生规则，才有助于女孩养成良好的卫生习惯。在这方面，一位聪明的母亲为我们做出了榜样：

虽然我为女儿弯弯制定了很多卫生规则，但弯弯总是故意让我为难。

"妈妈，我的手受伤了，我不想洗手了。"弯弯又在找理由。

"弯弯，妈妈问一个问题：两个女孩，一个非常干净、整洁，另一个邋里邋遢，你喜欢和哪一个交朋友呢？"

"当然是干净的女孩。"弯弯想了想，说道。

"这就对了，妈妈也一样，喜欢干净、讲卫生的女孩。这样的女孩会受到大家的欢迎。"我继续启发她。

"我去洗手，妈妈，我也想成为干净的女孩。"弯弯想通了。

"这就对了，宝贝！以后你也会受到大家喜爱的。"我亲了亲女儿。

在培养孩子干净、整洁、讲卫生方面，父母应该从小抓起，让她尝试着洗脸、梳头、叠被子、收拾屋子。刚开始的时候，女孩可能做不好，这时父母不要批评孩子，也不要表现出不耐烦，而要耐心地去教导她。等孩子慢慢养成干净整洁的习惯，不用父母提醒，她也能做得非常出色。

方法二：帮女孩寻找一个"偶像"

一位优秀的妈妈曾经这样谈过自己的育女经验：

我和11岁的女儿都非常喜欢看中央电视台的《开心辞典》这个节目。不过不同的是，女儿喜欢它是因为它能够给她带来快乐，而我喜欢它是因为我非常喜欢这个节目的主持人。我感觉王小丫的仪表非常美，周身散发着一种迷人的气质，我非常希望女儿能成为一个那样的人。

于是，在每次看节目时，我会故意对女儿说："王小丫真有气质，要是我的女儿也有这样的气质就好了。”由于我不断地在她耳边“念叨”，女儿也喜欢上了王小丫，并把她当成了自己的模仿对象。

现在的孩子们都热衷于追星，这在女孩身上尤为严重。在这种情况下，父母不妨顺应女孩的追星心理，找一个外表优雅、事业成功的女性让女儿模仿。这样，女孩不仅找到了自己“崇拜”的人，还会学习她身上的气质和优点，最后把自己也变成一个优雅的小淑女。

专家给父母的
管教课堂

如何培养女孩的仪表美呢？著名教育家陶行知认为，培养孩子的仪表美可以从以下这些方面去做：

1. 要让孩子讲究个人卫生，注意仪表的修整与整洁。
2. 要追求秀外慧中，达到外在美和内在美的和谐统一。
3. 要强调孩子的整体形象，不要只追求局部的美。

第56招

教育女孩要衣着端庄，打扮得体

穿衣打扮可以看出一个人的审美情趣、思想修养，而一个女孩的穿衣打扮更能在某种程度上折射出父母的育女心态。一般来说，父母在女孩的穿衣打扮上会出现两种错误心态：

第一种心态是对女孩的打扮过分重视。很多父母总以成人之心对待童心，给女孩烫发、抹粉、描眉，穿得大红大紫，打扮得像个“小熟女”，失去了女孩应有的天真稚气。

第二种心态则显得过于随意，过于无所谓。这些父母认为，女孩的衣着打扮应随便一点，不加修饰。殊不知，过分随意的打扮不仅会影响女孩的形象，从某种程度上看，还是对别人的不尊重。

因此，女孩父母们应该摆正心态，在穿衣打扮上为女孩做好“军师”。那么，具体该如何去做呢？

方法一：避免媒体对女孩产生不良影响

据新闻报道，现在街头上一些中性装扮的女中学生越来越多。这些女孩崇尚中性装扮，并且把这当成一种时尚。还有很多女孩喜欢穿性感、暴露的衣服，喜欢化很浓的妆，这也是媒体惹的祸。

璇璇非常喜欢看电视。有一天，她对妈妈说：“妈妈，你能不能给我买一支口红？我想抹口红。”妈妈问她：“你为什么想抹口红啊？”璇璇说：“电视中的姐姐都抹口红，非常漂亮。”妈妈说：“适合姐姐的未必适合你，电视中的姐姐都20多岁，而你才7岁，你们能一样吗？”璇璇有些半信半疑。妈妈说：“你如果不信，可以去问问爸爸，看看爸爸怎么说。”璇璇真的跑去问爸爸了。爸爸说：“我女儿的嘴唇红红的非常好看，如果再抹上口红，红色就太重了，反而显得不自然了。我认为还是不抹口红好看。”从那以后，璇璇再也没有和妈妈提买口红的事。

女孩的年纪小，没有形成成熟的审美观，而媒体常常在潜移默化中影响女孩，这种影响令父母防不胜防。所以，父母应该积极引导女孩，让她免受媒体的影响。平时，你可以多和女孩沟通，一起聊一聊电视节目、影视明星，及时纠正女孩不正确的审美观，以帮助她健康成长。

方法二：帮助女孩建立“美”的概念

选择穿什么样的衣服，留什么样的发式，是孩子表达自己的一种重要方式。当孩子还不能了解自己的能力和特长的时候，做父母的，应该引导孩子建立正确的审美观。

父母可以带女孩一起逛商场，让她多试几件衣服，再让她自己选择，究竟哪件漂亮，哪件适合自己。另外，父母要教会女孩根据不同场合搭配服饰，比如在婚礼、晚会等正式场合，让女孩穿上小礼服变身小天使也未尝不可。在日常活动中，如春游，就可以为女孩换成一套运动装。

专家给父母的 管教课堂

著名教育家陶行知认为，父母应该重视女孩的穿着打扮，他为父母们提供的教育方案是：

1. 孩子的穿着打扮应适度得体。

2. 孩子的穿着打扮应符合其年龄特点。

3. 孩子的穿着打扮应有利于其生长发育。

第57招

教女孩遇人不腼腆，尽显大方气质

一位母亲找到心理专家，请教育女时遇到的问题：

今年，我带点点参加公司的元旦晚会，让我觉得有点尴尬。同事们都过来打招呼，说我女儿好漂亮，她就像没听见一样。我提醒她，快向阿姨叔叔问好，她却很不情愿，搞得我很没面子。看到人家的孩子落落大方地跟我打招呼，相比之下，点点却显得不懂事。

女儿平时也是这表现。每次我送她去幼儿园时，到了校门口她都是低着头往校园里冲，门口值班的老师、校医，还有值班室的爷爷都主动跟她打招呼，可她连理都不理。后来我跟点点说，那你就跟老师们挥挥手吧。别的小孩都很自然地跟老师打招呼，她就只能扭扭捏捏地挥挥手。这孩子究竟是怎么回事？我该怎么办呢？……

现实生活中，的确有很多小女孩都很害羞、腼腆，但女孩父母们需要明白：一个孩子不愿意跟人打招呼是很正常的。大人要求她礼貌、大方、外向，这只是我们的一相情愿。很多时候，这种“礼貌”在女孩看来是难以理解的，所以有时你越强求她，她越反感。那么，父母该如何做，才能培养出一个大方、有礼貌的女孩呢？

方法一：多带女孩走亲访友，为她创造社交的机会

文雅是一个羞涩的小女孩，一遇到陌生人就拘谨。有时候家里来了客人，文雅就赶快躲到自己的屋里。妈妈发现这一点后，就“故意”带她去走亲访友，并且在走访亲友前，妈妈会这样对文雅说：“张阿姨特别喜欢你，她们家还有很多好玩的玩具，咱们到张阿姨家

去做客，好不好？”“李阿姨说想你呢，我们去看看她吧！”有时候文雅见到亲友仍然会不自然，妈妈会对她说：“阿姨早就想见你了，快和阿姨打个招呼，她喜欢懂礼貌的女孩。”在走访亲友的过程中，妈妈还会鼓励文雅和亲友交谈或者表演节目。无论女儿表现怎样，回到家妈妈都会表扬她：“你今天舞跳得真好，王叔叔止不住地夸你呢。”慢慢地，文雅再也不腼腆了，而且还学会了很多社交礼仪。

教育专家一致认为，让害羞的女孩多与父母参与社会活动，日常去哪里就带上她，不用刻意教什么，女孩自然就会悟出道理。尤其对于本来就腼腆、羞怯的孩子，父母更应该多带她到亲朋好友家走一走、转一转。

方法二：为女孩建立起自信心

一些女孩之所以形成腼腆、害羞的性格，主要原因是她们缺乏自信心。细心的父母可能会发现，那些腼腆、羞怯的女孩虽然不愿意接触陌生人，甚至也不喜欢和同龄人一起玩，但是非常愿意帮助那些比自己年纪小、更柔弱的小孩。为什么呢？这是因为和这些更柔弱的孩子相处，她们能够找到一种优越感和自豪感，让内心得到满足。所以，当女孩出现腼腆、不愿意和人交往的情况时，父母先要树立她们的自信心，这样才能为培养她们的社交能力打下良好的基础。当她们摆脱了自卑心态时，她们才能真正做到落落大方。

专家给父母的
管教课堂

腼腆的女孩很容易在人际交往中“吃亏”，对此，英国教育家伊丽莎白·哈特利·布鲁尔给父母们的建议是：

1. 帮助女孩掌握一定的知识，以增强女孩与人交往的自信心。
2. 多给女孩一些关心、体贴和鼓励。
3. 多给女孩创造、表现的机会。

第58招

引导女孩博览群书，拥有知性美

中国自古就有“腹有诗书气自华”一说，由此可见，博览群书对于培养女孩的气质来说非常重要。

无数事实也证明，一个博览群书的小女孩，在人生观、世界观、知识面、思考能力、表达能力及处理问题的方式等方面，都会比同龄不爱读书的女孩显示出明显的优势。而且，在博览群书的过程中，女孩还可以体验更为丰富的情感，积累更为丰富的知识。这些都为女孩平添一种知识的魅力，让她成长为一个有内涵的优秀女性。因此，我们应尽早让女孩爱上阅读，使她受益终身。

一位父亲这样讲述自己的育女经验：

我有两个正在读小学的女儿，无论和谁聊天，这两个小家伙的话题都丰富得惊人。

“易中天对历史的见解很幽默！”

“杨澜阿姨是我的偶像，她不但口才好，做事也很有魄力。”

“乔丹打球就像跳芭蕾那么优美。”

……

每当别人问我是“如何让两个女儿如此博学”时，我总会笑着说：“你去我们家看一看就知道了。”因为在我家里，到处都可以看到杂志和各种各样的书籍，女儿还有属于她们的书房。在她们还偷偷躲在妈妈肚子里的时候，我就开始给她们读唐诗宋词，讲述三国。现在女儿热爱读书，并且从书中汲取到很多营养，在外人看来，她们身上就是比同龄的小女孩多了一些东西，我想那就是女孩的知性气质吧。

我们常常说，某人有书卷气，实际上是在说这个人是知性的。书卷气哪里来？是通过长期的阅读慢慢形成的。阅读是打造女孩知性气质的源泉。女孩最迷人、最值得赞美、也最经得起审美的，就是知性！这个气质是从人的骨子里散发出来的。因此，父母们应该引导女孩爱上阅读，养成读书的好习惯，具体有哪些教育方法呢？我们可以参考以下几点：

方法一：让爱读书的伙伴来引导不爱读书的女孩

虽然我们常说女孩易受父母的影响，但有时孩子们相互影响，比父母对她的影响更直接。因此，作为父母，我们应该时常鼓励女孩和那些爱读书的同学交朋友，相信在那些爱读书的同学的熏陶之下，原本不爱读书的女孩也会对读书产生兴趣的。

一位智慧的妈妈的育女经验就是这样的：

前一段时间，我给刚上小学三年级的女儿买了很多课外读物，但是女儿却不喜欢读。周末的一天，跟女儿上同一年级的侄女真真来家里做客，真真很爱看书，就给女儿讲了很多书中的故事。看着小姐姐讲得眉飞色舞，女儿读书的胃口一下就被吊起来了。此后，每个周末我会都请真真到家里做客。渐渐地，女儿开始翻阅我给她买的课外读物了。

方法二：创造良好的家庭阅读环境

一个宽松、自由、有趣的阅读环境对于塑造女孩的知性气质非常重要，所以父母要尽量为女孩营造出这样的读书环境。例如尽量把图书放在女孩伸手可及、取放自如的地方，给女孩单独开辟一个书房等。

除此之外，父母还可以利用节假日带女孩去图书馆、书店，相信丰富多样的图书会让孩子兴奋不已。虽然读书对女孩来说益处很大，但我们也不能盲目地买很多书回家，要知道，世界上图书种类很多，不可能每一本书女孩都心甘情愿去读。所以，父母在为女孩选书时，一定要先选那些女孩心仪的图书，而且每次只能买一本，然后引导女孩去阅读更多种类的书籍。

专家给父母的
管教课堂

如何培养女孩的阅读习惯呢？英国教育家伊丽莎白·哈特利·布鲁尔给父母的方法是：

1. 为女孩创造读书环境，尽量让她多和你在一起读书。

2. 让女孩多阅读非小说类作品，以增加她的常识，强化她对书中一些细节的关注。

3. 让睡前阅读成为女孩的乐趣，但要注意阅读姿势，不要伤害到她的视力。

第59招

教女孩音乐和绘画，打造艺术气质

前面我们讲过，气质才是女孩最鲜亮的衣裳。如果一个女孩缺少灵动的气质，即使长得再漂亮，穿上再华丽的服饰，也会给人呆板、肤浅、不耐看的感觉。而一个有气质的女孩，即使穿着平凡的衣服，也会很快地吸引大家的眼球。

如何才能让女孩具有优雅、迷人的气质呢？温文尔雅的谈吐，干净整洁的仪表，端庄得体的衣着装扮，知性大方的举止……这些都必不可少，此外，还有一个很重要的方法，就是增加女孩的艺术修养。

音乐、绘画、舞蹈等都是打造女孩艺术气质的最佳途径。那什么是艺术气质呢？艺术气质又叫艺术感觉，是否有艺术气质，其实差别很大。有人认为艺术气质是天生的，其实艺术气质更重要在于后天的培养，特别是儿童时期有意识的培养。女孩的感情较纯真丰富，在她们眼里，很多东西都是有生命、有感情的，而音乐强化了她的听觉，绘画强化了她的视觉，这些都容易让她感受美的存在和对生活的热爱。

音乐和绘画会提高女孩的艺术修养，而艺术修养对女孩气质的影响是非常大的。那么，作为父母，我们怎样让女孩具有良好的艺术气质和修养呢？

方法一：为女孩创造一个良好的音乐氛围

一位父亲的育女经验是这样的：

我一直想让女儿莫品长大后学习音乐。为了培养莫品对音乐的兴趣，在莫品两岁的时候，我就有意识地为女儿创造良好的音乐环境。

我是这样做的：起床时，我会给女儿放班瑞德的《清晨》；吃饭时，也播放一些节奏舒缓的轻音乐；临睡前，播放一些安静的乐曲，比如《天空之城》；即使给女儿讲故事时，我也会选择一些和谐的乐曲做伴奏。慢慢地，女儿不但爱上了音乐，整个人也显出一种与众不同的气质。

其实，很多父母都像莫品的爸爸一样，希望女儿学习音乐，但是又怕女儿没有音乐天赋，所以一直没有送女儿去学习乐器。没错，音乐天赋对女孩学习音乐固然重要，但并不表示没有音乐天赋就不能学习音乐。如果父母在女孩幼年阶段，注重对女孩音乐天赋的引导，就会为日后女孩学习音乐奠定良好的基础。当一个女孩生活在良好的音乐环境中时，她的节奏感和对音乐的感知力都会得到提升。

方法二：带女孩到大自然中去作画

我们应该有这样一种感觉：那些搞艺术的人，如音乐家、作家、画家等，一般都很有气质。为什么呢？因为他们的艺术感受力比一般人更敏感、更强烈，他们更能捕捉生活中的美，并且把这些美融入到自己的气质中去。所以，我们仅仅培养女孩对艺术的兴趣和爱好是不够的，还要培养她们的艺术感受力。

最好的一个办法，就是选择一个风和日丽的日子，带上她到大自然中去作画。大自然的美丽是无法用言语描述的。让女孩多接触大自然，可以让她感受到大自然无穷无尽的美丽。教女孩通过自身的感受，用手中的小画笔，提炼出这种美丽，女孩的审美能力自然会提升。当她拥有了审美能力后，其气质也会提升。

一位妈妈在这方面就做得很好：

我经常带女儿去郊外写生。明媚的阳光，雄伟的山峦，淙淙的流水，青翠的树木，到处炫耀着五颜的色彩。女儿每次和我去，心情都很雀跃，恨不得把她所见到的一切都画出来。

最开始，她画得不是很好，只是有板有眼地照着实物绘画。她有点失望，责备自己画得不漂亮。于是我就引导她：我让女儿放下画笔，张开双臂，扬起脸，尽情感受身边的美丽。之后再拿起画笔，用心去作画。女儿照着我说的去做，果然越画越好。渐渐地，她的审美能力和艺术气质也有所提升了。

案例中的妈妈很聪明，她着重培养女儿的艺术感受力，而不是绘画能力。我们应该向她学习，鼓励和引导女孩认识美、发现美，而不是胡乱指挥、强迫她学习艺术。

专家给父母的
管教课堂

英国教育家伊丽莎白 · 哈特利 · 布鲁尔对于“父母怎样培养女孩的艺术气质”给出了建议：

1. 经常组织女孩参加野外写生、音乐竞赛之类的活动，挖掘女孩的创造潜能。

2. 让女孩多接触美好的事物，培养其自身的开放意识。

3. 让女孩体验多元生活，塑造她的艺术气质。

第十一章

情商塑造——做女孩的“情商咨询师”

女孩心理压力大，怎么办？

女孩变得抑郁，怎么办？

女孩遇事就焦虑、急躁，怎么办？

女孩爱妒忌、爱虚荣，怎么办？

……

想要更全面、更深刻地了解以上问题的解决办法，

就请翻看本章，用心阅读吧！

第60招

指导女孩学会缓解心理压力

美国著名心理学家华生曾说过："适当的压力有助于提升孩子学习的动力，但是过度的压力则会使孩子身心俱疲，反而降低学习效果。"事实的确如此，适度的压力可以激励女孩奋发上进，完全没有压力则会使人疲乏、懒散，但如果孩子压力太大，又会使她因无法承受而出现心理问题。

一位初三的女生向心理医生这样讲述道：

我的学习成绩一直名列前茅。可自从上了初三以后，三天一大考、两天一小考的紧张学习生活，让我身心疲惫，觉得生活没有阳光和希望。这可能和我的性格有关吧，我一直追求的就是满分，哪怕是差一分两分，都会怀疑自己是不是不行了。事实上，初三以后每次考试成绩出来，只要不是满分，回家以后，我都会扔下书包，躺在地板上，闭上眼睛，什么都不愿意去想。

以前我政治考试总是满分，可有一次却由于马虎得了98分。当时看到这个成绩时，我感觉好像什么都不会了。回家以后，"扑通"躺在地板上，不一会儿我妈回来了，看到我这样，以为我精神出问题了，非要领我去医院。其实，她哪懂我心里的苦呢？

有研究表明，在中小学生中普遍存在厌学、考试焦虑和作弊以及青春期烦恼等心理问题，有不少孩子还存在性格孤僻、任性和懒惰的问题。心理学家曾指出，对孩子来说，父母是最重要的影响力量。因此，做父母的应该重视对女孩的情商教育，及时帮助女孩克服心理上的压力。这里，就给父母们提供一些方法，相信对你帮助的女孩缓解心理压力有所帮助。

方法一：指导女孩正确面对得失

有一位母亲的育女经验是这样的：

我的小女儿妙彤今年上小学五年级，有一次，老师推荐她去参加市里的演讲比赛，女儿显得非常紧张。

我觉察到女儿的异常后，便对她说：“妙彤，不要担心！只要你努力过就没什么遗憾，结果并不重要，重要的是过程。”女儿听了之后又想到许多名人的例子，立刻就释然了。她告诉我说：“妈妈，我会认真面对，努力发挥自己的水平，不在乎最后的结果的。”

世界上没有永远的成功，也没有永远的失败。如果你的女儿对成功有着偏执的追求，只注重最后的结果，那很容易产生心理压力，最后得到的也只能是失败。

因此，父母要指导女孩正确面对得失，做到处乱不惊，这样，她便能正确地缓解压力了。假如女孩害怕挫折和失败，这时你就要用科学的方法引导她，例如给她讲一些名人的例子，或者身边的榜样，给她读一些失败与成功的故事等。

方法二：认真倾听女孩的心声

倾听，是父母了解女孩内心压力的最有效途径。很多时候，面对心理压力重的女孩，你不需要多说什么，只需要做一个好的“倾听者”，去详细地了解女孩的心理压力是什么、压力来自何处。

当然，要做个好的倾听者，你就必须增加和女孩在一起的时间，多与女孩交谈，做女孩的知心朋友，站在同情者和指导者的位置上试着打开女孩的心扉。只有这样，你才能了解女孩心里所想，并针对她的“心结”给予帮助。

方法三：帮助女孩制定一份“学习计划”

在这个世界上，每个人都会有烦恼、压力，也都会遇到一些暂时难以解决的问题，女孩也是如此。作为女孩的父母，要帮助女孩正视她的问题，帮她排解消极情绪，并着手帮助她制定一份“学习计划”，以此应对她学习和生活中遇到的变数。

计划会让女孩的生活变得更有条理性，也会提升她的自信心，这样一来，孩子的心理压力自然会减少很多。

专家给父母的

管教课堂

面对有压力的女孩，父母应该给予支持。英国教育家伊丽莎白·哈特利·布鲁尔给父母们的教育方法是：

1.认真对待女孩的担忧，即使那些担忧在父母看来无关紧要。

2.如果你的女孩看起来痛苦难过，请多花点时间陪她，并确保她睡眠充足。

3.及时告知女孩事情的变化，强化她的安全感，让她觉得眼前看起来很糟糕的事情尚未完全失控。

第61招

让女孩学会遇事不焦不躁

和同龄女孩比起来明显胆小、怕人，喜欢黏着父母；

爱做一些咬指甲、抓挠皮肤或头、揪头发、磨牙等以前不做的小动作；

情绪烦躁，容易哭、爱发脾气、难安抚；

喜欢纠缠父母，一旦远离父母，就表现出莫名的恐惧和紧张；

不愿上学，经常找借口说自己肚子痛、头痛；

出现严重的身体不适，如心悸、呼吸困难、手抖、出汗、恶心、尿频、昏倒、胸闷等；

入睡难，失眠，经常做噩梦；

注意力不集中，拒绝反应强烈；

……

以上这些，都是女孩典型的焦虑症状。焦虑是较常见的一种情绪障碍，会让女孩感到恐惧、烦躁、紧张、痛苦，严重时还伴有生理反应。过度的焦虑往往会影响女孩的智力发展，并且容易诱发抑郁、孤僻、自卑等心理疾病。因此，父母发现女孩出现焦虑情绪后，应予以科学引导，以便让女孩尽早摆脱困扰。

有一位父亲在求助了心理医生后，终于缓解了女儿的焦虑情绪：

女儿采萱今年上初二，在学习上，她的各科成绩都较为理想，但就是怕考数学。为什么呢？因为初一第一次期中考试时她就在数学上栽了跟头——她的数学只考了59分。从此之后，只要考数学，采萱就吃不下饭，睡不好觉，生怕数学考不好。她十分紧张，尽管她一再告诫自己静心答题，可每次都紧张得头顶冒汗。若有一点不顺利，还会出现耳鸣。我告诉她不必这样，应放松，但就是不管用。后来，我带她去看心理医生。医生听了女儿的叙述，告诉她这是一种反射性心理异常，通常被称为焦虑症。对于女儿采萱的情况，医生建议我平时多对采萱进行有针对性的训练。比如，自己设计几张数学试卷，星期天时，让采萱像应对真正的考试那样考一下，尽量模拟学校考试的氛围。

后来，在老师的配合下，采萱班上几个朋友一同参加了对采萱考数学紧张的矫正训练，一段时间之后，她终于不再害怕考数学了。

通常情况下，多数人的焦虑体验是暂时的，而且具有一定的防御作用，但并不会对人体产生太大的影响，但是当焦虑变得日益严重并影响女孩的日常生活时，父母就要注意了。下面就给父母提供一些相关方面的教育方法：

方法一：对女孩的期望与要求要合理

现在，独生女现象比较多，她们担负着好几代人的希望。所以，父母难免会对女孩提出这样那样的要求，但父母一定要注意提的要求要顺应女孩的生理和心理特性，否则处理不当，就会对孩子产生不良影响。

另外，父母要学会尊重和理解女孩，对女孩不要太苛求，尤其是当她未达到要求时，千万不要嘲讽挖苦或者冷漠相对，这样会使女孩感到压抑，从而加重她的焦虑。

方法二：努力为女孩改善家庭环境

一个轻松、自由、和谐的家庭环境是防止女孩过度焦虑的“良药”，而父母有责任和义务提高自己对女孩的管理、教育能力，并及时发现和解决女孩产生的问题。

所以，父母要尽量每天抽出几分钟时间与女孩谈心，这不但会拉近父母与女孩的距离，而且会增进感情。如果你想让女孩远离焦虑，那就要做到这些：创造整洁、朴实、有条理的家庭环境；家庭成员之间和睦、民主，有意营造一个良好的生活环境和家庭氛围。这是让女孩远离焦虑、健康成长的重要条件。

方法三：帮助女孩纠正消极思维

假如女孩容易紧张、焦虑和恐惧，你一定要高度重视，帮助她澄清认识。因为很多小女孩的焦虑，时常不是真实的困难造成的焦虑，而是消极思维和不合理的猜测夸大了困难，贬低了自己的能力。因此，父母应帮助女孩识别和监测不合理的思维和担忧，教会她合理思考。例如对那些胆小怯懦、优柔寡断的女孩，父母应多给予其鼓励和肯定，促使她们尝试探索、冒险和犯错，不惧怕承担责任。

专家给父母的
管教课堂

发现女孩出现焦虑情绪时，英国教育家伊丽莎白·哈特利·布鲁尔给父母们提供的解决方法是：

1. 尊重女孩的恐惧和焦虑、急躁，即便这些情绪在你眼里看起来荒唐可笑或缺乏理性。

2. 如果你无法帮助女孩，应尽早寻求专业人士的帮助。

第62招

帮助女孩走出抑郁的阴影

在北京召开的第28届国际心理学大会上有专家提出，中国目前约有20%的孩子有抑郁症状，其中4%为临床抑郁，即需要接受临床治疗的重症抑郁。可见，抑郁症正严重威胁着中国青少年的心理健康，让孩子稚嫩的脸上失去笑容，让欢乐的家庭布满阴霾。

13岁女孩依依聪明伶俐，她的学习成绩一直很好，她每次考试都是优秀，全家人都为有这样的孩子而骄傲。可是，当依依初一上学期期中考试时，患上了重感冒，为了不耽误考试，她坚持来应试。由于身体不适、精神不振，再加上心情紧张，依依英语只得了60分，其他科的考试成绩也不好。

对于一向成绩优秀的依依来说，这无疑是沉重的打击，她从此变得沉默寡言、精神委靡，连吃饭也提不起精神，甚至害怕去学校见老师和同学。

依依实际上是患了意志行动障碍，也就是因为失去了面子，心理压力过大，精神受到严重创伤的忧郁症。这类症状的孩子大多在一帆风顺、赞扬声中长大，再加上父母的过度期望和不适当的教育方式，使其意志力薄弱、抗挫折能力差，禁不起一点打击。

一般来说，孩子的抑郁大多表现为情绪低落、闷闷不乐、思维迟缓、反应迟钝等。抑郁的小女孩很容易在认识上表现出负性的自我评价；在生理上表现出明显的不适感，食欲下降或是食欲猛增，失眠或是过度嗜睡等；在动机上表现在对各种事物缺乏兴趣，依赖性强。

如果女孩过分抑郁，则会导致抑郁症。那么如何帮助女孩将“抑郁”赶走呢？

方法一：引导女孩转移调节

所谓转移调节就是根据自己的要求，有意识地把已有情绪转移到另一方面上，使消极情绪得以缓解。简单来说，就是当女孩情绪低落的时候，父母寻找一些令孩子开心或是振奋的事情。

例如给她讲笑话，带她出去运动、旅游、踏青等，让愉快的活动占据女孩的时间，用积极的情绪来抵销消极的情绪，随着时间的推移，她心中的积郁也会被转移和调节。这样一来，女孩就不会一个人闷在自己的世界里，或陷入情绪的“死胡同”而无法自拔了。

方法二：对女孩进行目标激励

有一位母亲向儿童心理医生讲述了女儿的情况：

我女儿今年10岁，上小学三年级，我发现近段时间以来，她不做作业，不去辅导班上课，也不想去学校。不仅如此，女儿的脾气也变大了，动不动就和家人大吵。有一次，我送她去上学，结果她竟然绕过我不愿进学校。老师家访时，她就说头痛。我带着她到医院检查身体发现没有任何器质性异常，医生认为我女儿得的是“心病”，确切地说，就是儿童抑郁症。

由此可知，当抑郁情绪缠绕女孩时，她就变得什么也不想做，什么也不愿做，没有目标和方向，完全处于一种迷茫状态。这时，父母应为女孩树立一个目标，最好是一个短期目标，使她有方向感，不会感到无事可做。当然，父母在引导女孩树立目标的时候，一定要根据女孩的实际情况而定，帮她树立在近期内能够完成的目标，否则效果也不大。

方法三：教女孩宣泄出自己的不良情绪

台湾作家罗兰在《罗兰小语》中写道：“情绪的波动对有些人可以发挥积极的作用。那是由于他们会在适当的时候发泄，也会在适当的时候控制，不使它们泛滥而淹没了别人，也不任它们淤塞而使自己崩溃。”所以，教女孩学会适当地宣泄负面情绪会对她有帮助。

宣泄情绪的方法有很多种，比如哭泣、高喊、倾诉、运动等。适度的宣泄可以让女孩将心中的不愉快释放出来。所以，当女孩心中抑郁、烦闷时，父母要教导女孩向老师、同学、家长以及兄弟姐妹诉说，也可以用写日记的方式进行倾诉，当然也可以大哭一场，或者什么烦恼的事情都不想，出门运动，出出汗，使自己精神振奋。

当然，父母一定要告诉女孩，在宣泄自己情绪的同时，要注意时间和场合，不要伤害到别人。

专家给父母的管教课堂

面对抑郁的女孩，教育专家王金战建议父母这样做：

1. 父母要保持乐观心态。
2. 引导孩子走出狭小的生活空间和自己的精神小圈子。
3. 引导孩子进行积极的心理暗示，适当宣泄心中的郁闷情绪。

第63招

帮女孩拔掉“妒忌”这根毒刺

嫉妒心理在女孩中间是普遍存在的，再加上现在独生子女比较多，她们很容易形成以自我为中心的心理，认为所有的人都应该向着自己、关注自己，好东西都应该是自己的。心理调节能力差、社会经验不足、过分羡慕他人、渴望受到师长重视和周围人的羡慕等，这些都是造成女孩嫉妒心理的因素。

很多女孩，当她们看到别人有自己所没有的东西，包括衣服、玩具，甚至是受欢迎程度和能力等，都可能会诱发妒忌心理。有些家长认为，这种表现会随着孩子年龄的增长而自然消失，但教育专家指出，过分妒忌会影响女孩正常的心理发育，使她们在自己与别人的对比中感到自卑，妨碍孩子的自信心和自尊心的建立。

通常来说，对女孩的嫉妒只要很好地教育引导，便可以将之转变为动力，激发她发奋上进，培养其健康的性格和良好的品德。相反，如果父母不能很好地引导，就会影响孩子的健康成长。更有相关研究人员指出，有嫉妒心的孩子性格怪僻，难以与同伴相处，若不及时纠正，人格会进一步扭曲，甚至失去理智、泯灭良知。那么，父母如何帮助女孩远离嫉妒呢?

方法一：关注女孩的暗示，并表示同情

小女孩很难控制自己的情绪，但对于父母来说，观察女孩的行为方式、掌握女孩的情绪趋向却并不难。当女孩妒忌心理爆发的时候，她的行为经常会出现相应变化，比如搞破坏、哭泣或者说妒忌对象的

坏话、爱打小报告等。有时妒忌心理也会反映在女孩的心理和身体方面，如难过、焦躁、情绪低落、胃疼、浑身没劲……这时，父母需要对女孩表示同情和理解，并倾听女孩说出内心的想法。

一天，爸爸带着6岁的儿子玩秋千，站在一边的4岁女儿委屈地哭了起来，这时妈妈走过来对女儿说："看，爸爸一直陪着哥哥玩，把我们都冷落在一边了，这真不公平，对不对？"女儿点点头。于是，妈妈便对她说："我知道你妒忌，是不是？不过这没什么的。你看，妈妈现在不正陪着你吗？"接着，妈妈开始安抚女儿的情绪，不一会儿女儿就开心起来。

当女孩嫉妒心爆发的时候，她们更需要的往往不是欲望的满足，而是父母耐心的倾听，以及对她们内心感受的肯定。所以，作为父母最好时刻注意这一点。

方法二：尽量不要拿女孩与别的女孩对比

父母可能注意不到，你在谈论其他孩子时，一句无心的话，或者只是一个微笑、一个眼神、一个耸肩的动作，甚至抬一抬眉毛，都可能被女孩解读为"比较"。尤其当她们自认为在某方面没有别人做得好的时候，就很容易诱发对他人的嫉妒。

有一位母亲就曾遇到这样的情况：

一天，我跟秋秋妈妈说，秋秋的卷发很可爱，可惜我女儿的头发是直的。没想到，第二天，我女儿就要求我带她去美发厅要把头发烫成卷发！我一下子意识到是自己的评价引发了女儿的嫉妒心。从此之后，我再也没有评价过女儿的头发，同时非常注意不拿女儿和别的孩子作比较。

方法三：帮助女孩发现自己的长处

缺乏自信心的女孩总喜欢强调自己的弱点，而且那种低人一等的感觉更容易引发她们的妒忌心理。因此，爸爸妈妈必须帮助女孩建立自信，帮助她发现自己的长处，让她有为自己而骄傲的资本。假如女孩在音乐方面有天赋，父母就应该多多鼓励；每当女孩自己解决了一个问题或者取得了一点进步，哪怕只是背会了一首唐诗，你也应该让她知道你注意到了，并且为她而骄傲。

有关专家指出，当女孩为自己感到骄傲的时候，她就更容易接受别人在某方面得到比自己更多的关注。这种自信不但可以帮助女孩克服妒嫉心理，更有利于她们塑造自我，这才是真正值得别人艳羡的资本。

专家给父母的
管教课堂

女孩妒忌很可能引发不正当竞争，对此，教育专家王金战给父母们的建议是：

1. 教育女孩正确看待别人的优势，学会宽容和认同。
2. 父母要避免将孩子引向竞争，教她学会团体合作。
3. 鼓励孩子发挥特长，追求卓越。

第64招

让女孩远离虚荣浮华

很多家长反映，孩子越长大，虚荣心也随之增长，穿衣服非名牌不穿，手机要最新款，还总与同龄人互相攀比。攀比的内容从吃喝用到零花钱，甚至父母的工作、所开汽车的好坏，都成了孩子们对比的话题……

有一位母亲这样讲述自己的育女苦恼：

我女儿自从上初中后，除了学校硬性规定上学期间必须穿校服外，其余时间穿的都是名牌。她的书包是米奇的，鞋子是阿迪达斯的，平常休闲衣服是耐克的，你要是不给她买，她就以绝食、不上学来威胁。

去年我刚为她买的手机，可没用多久，她就吵着换一款3000元的新手机，还说自己现在用的手机落伍了。我平时每星期都固定给她零花钱，上初中后，她的零用钱从100元变成150元，现在是200元。但最近她老是说钱不够用，要求每星期再多点。我们问她那些钱怎么花了，她说有时与同学们出去吃饭，有时买点小饰品，钱就没了。我们没答应她增加零花钱的要求，她居然气得几天不跟我们说话，还摔了一个杯子，最终我们妥协了。

现在女儿不让我开车载她上学，只让爸爸载她，问她为什么。她说我开的是QQ，丢她面子，爸爸开的是本田，与其他同学的父母相比，还算过得去。真不知道女儿怎么变得这么虚荣呢？

教育界有这样一句名言：问题孩子的背后一定有使用不当教育方

法的父母。如果父母为自己孩子的问题感到困惑，那应该先反省自己的教育方法是否有问题。一般来说，女孩的虚荣心理，常表现为下列几种攀比行为：比美，如要买新衣服、新鞋子就是为了跟别人比较；比富，常夸耀自己家的电器多么高级，父母职业多么令人羡慕等；比“能”，以“神童”自诩，认为自己什么都会，只听得进去表扬和赞美，受不了批评，否则大哭大闹，心理失衡。

柏格森在《笑》中曾说过：“虚荣心很难说是一种恶行，然而一切恶行都围绕虚荣心而生，都不过是满足虚荣的手段。”因此，父母应想办法纠正女孩的虚荣心，具体来说，有以下几种方法可以尝试：

方法一：创造机会，让女孩通过努力获得想要的东西

一天，女儿来到妈妈的房间说：“妈妈，我想要一辆自行车！”妈妈不解地问：“为什么突然想要自行车？”女儿说：“张梅她们每天都骑自行车回家，而且还能锻炼身体！”妈妈想了想说：“这个要求我可以答应，但你接下来两个月要负责家里的家务，晚上也要洗碗筷，这就当你为那辆自行车分期付款，你同意吗？”女儿略微思考了一下，欣然地点头了。

从这个案例我们可以得出，如果女孩的要求是合理的，那么你完全可以为她创造一些机会，让女孩靠自己的劳动“挣钱”，购买所需要的东西。这样让女孩明白，一分劳动一分收获，让她知道张口向父母要钱不仅不光彩，而且行不通。

方法二：要客观地评价女孩

女孩会变得虚荣，很大一部分原因是父母不客观的评价造成。例如女孩完成了一件很小的事情，父母就把孩子夸得天花乱坠，把她当成神童、天才看待。其实，作为父母不应该过分夸大女孩的优点，也不要掩盖女孩的缺点和失误。对那些符合道德规范的行为，父母应给予适度的表扬。因为太多、太频繁的表扬会使女孩认为这些并不是她应该做的，一旦这样做了，便能得到奖励，渐渐地，女孩就会养成虚荣的坏习惯，而且越来越严重。

另外，对于女孩的缺点父母要及时指出，帮助她分析原因，并鼓励她逐渐克服。不要让她以为自己无所不能，无人能比。

方法三：不要经常带女孩去商场

商场对于年幼的孩子来说，诱惑太多，而且她们还无法理性地判断什么是自己需要的，只是凭“眼睛”和“耳朵”去挑选自己喜欢的东西。更何况现在很多商场和厂家为了吸引孩子的注意，把儿童商品设计得非常漂亮，例如那些漂亮的芭比娃娃，能够集卡片的糖果等。女孩看到后，自然什么都想要，什么都想买，渐渐地，她的虚荣心也会随之膨胀。

如果父母要带女孩去商场的话，一定要事先和她商量好买什么，不要买多余的东西，让女孩学会克制自己的欲望，学会抵制诱惑。

专家给父母的
管教课堂

怎样正确引导爱虚荣的女孩呢？教育专家王金战给出的妙招是：

1. 鼓励和肯定孩子，让其虚荣攀比的内容由外在转为内在。

2. 培养孩子延迟满足的能力，从而使其珍惜自己的所得。

3. 可以让孩子帮助做家庭理财，安排每个月的家庭支出，这样既培养孩子做事的条理性，又能让孩子约束自己。

第十二章

美德教育——教给女孩一个好品德

一颗谦虚的心，会让傲慢、自负化为泡影；

一颗宽容的心，会让狭隘变得无处藏身；

一颗分享的心，会让自私显得可笑廉价；

一颗感恩的心，会让冷漠失去存在的价值；

……

当你把这些美德传递到女孩的心中时，

你就会发现受益终生的不只有你的孩子，

还有更多的人！

第65招

教女孩学会谦虚做人

一位教育女儿非常成功的母亲这样说道：

我经常教育女儿雅晴做个谦虚、低调不张扬的孩子，所以尽管女儿从小到大都表现得十分优秀，得到很多人的赞赏，但是她从不为此骄傲。

上小学的时候，雅晴由于各科成绩很优秀，二年级的时候她跳了一级，这让原来班级的很多孩子十分羡慕，也让他们担心雅晴是不是以后都不理他们了。但是女儿做得很好，她还是每天去找原来的小伙伴玩，加深了彼此的友谊。

无论在朋友还是亲戚面前，雅晴从未主动对别人提起自己跳级的事情，甚至她还叮嘱我，让我尽量不要告诉别人，她说："妈妈，我只是一个普通的孩子，正在和大家一起快乐成长。"

西班牙著名的作家佩斯雷 · 加尔多斯曾说过，"一种美德的幼芽、蓓蕾，这是最宝贵的美德，是一切道德之母，这就是谦逊；有了这种美德我们会其乐无穷。"没错，谦虚就是父母教给女孩受用一生的美德。懂得谦虚的女孩，会看到他人身上更多的亮点，逐渐弥补自身的不足；懂得谦虚的女孩，能结交到更多真心的朋友。

那么，父母应该如何教会女孩学会谦虚做人呢？

方法一：让女孩认识到骄傲的危害

"不要让骄傲支配了你们。由于骄傲，你们会在该同意的时候固执起来；由于骄傲，你们会拒绝有益的劝告和友好的帮助；而且由于骄傲，你们会失掉客观的标准。”这是保加利亚著名的心理学家巴甫洛夫给青年人的一封信中的内容。事实正是如此，骄傲会让女孩变得盲目自大，犹如井底之蛙般视野狭窄和自以为是，而这也无疑会严重阻碍她们继续前进的步伐。

因此，父母必须让女孩尽早认识到骄傲的危害，不要让暂时的小得意毁了女孩继续前进的脚步。例如你可以时常告诉女孩一些关于骄傲和谦虚的名人故事，让她从中受到启发；让女孩多注意观察身边那些谦虚的人，用身边的实际事例教育女孩，等等。

方法二：教女孩正确面对别人的批评

骄傲自满的女孩往往不能正确处理他人的批评和建议，所以父母要让女孩变得谦虚，就要让她学会正确面对他人的批评，这样她才能比较清楚地看清自己的缺点，不断地充实和完善自己。

专家给父母的 管教课堂

当被称为“天才”的小卡尔变得傲慢起来的时候，老卡尔·威特是这样教育他的：

1. 引导孩子扔掉自己的傲慢，以友好的方式对待他人。

2. 让孩子改变对人的“傲慢”态度，并且让他吃一点苦头。

3. 等到孩子为自己的“傲慢”付出代价后，适时地给他说明白事情的实质—“傲慢”、“自大”是在为自己的将来设置障碍。

第66招

把宽容的种子播进女孩的心田

“社会并不是一个任性的地方，你的计较会让你失去自尊，成为被人指责的没有教养的女人。给那些不友好的人善意的微笑，既能够让对方无地自容，也能够给别人留下大度且善解人意的好印象。宽容并不会伤自尊，智慧增添你的美感。请放下理直气壮的坏脾气，学会包容，这不仅可以体现出你的涵养，而且还会让你成为受人欢迎的女孩。”这是杨澜在《给二十几岁女孩的忠告》中曾经说过的一段话。的确，一个懂得宽容和忍让的女孩更容易赢得他人的喜爱和尊重，而一个缺乏宽容心的女孩则容易变得走极端、性格暴躁、自私冷漠，不易和他人亲近，从而导致其糟糕的人际关系。

有一位母亲这样讲述发生在女儿身上的一件事：

一天，女儿乐乐放学回到家就气呼呼地坐在沙发上生闷气，嘴里还不住地嘀咕道：“哼，以后我再也不和她做朋友了！”

我看到女儿这样子，便走过去询问：“乐乐，发生什么事情了？怎么一脸不高兴？”

乐乐说：“上周姑妈给我买的限量版公仔被月月弄坏了，现在就是有钱也买不到呀！她真是太气人了！”

我这才明白女儿为何生气，于是我坐在她身边拍拍她的肩膀，缓缓说道：“月月不是你的好朋友吗？我还记得你上次演讲比赛时，她花了很多课余时间帮助你找资料，晚上回家晚被妈妈骂，也没有放弃帮你。”

听到我这样说，女儿有些不好意思地说："也是，月月其实对我挺好的。"

我接着说："所以，月月一定不是故意弄坏你的公仔的，说不定她比你还难受。乐乐为何不宽容一下别人的过错呢？要知道宽容别人也是快乐自己，让你少了很多烦恼。"

女儿点点头说："妈妈，我知道了，明天我就告诉月月，我不生她的气了！"

一个性情温和、不计较他人的小过失、懂得宽容的女孩，在她的成长过程中与别人的矛盾就会减少，也更容易赢得他人的喜爱和尊重。那么父母如何把"宽容"的种子播进女孩的心田呢？具体说来，父母可以从以下几方面入手：

方法一：巧妙引导，让女孩深刻体会他人的感受

有一位妈妈的育女经验是这样的：

我女儿云云是一个很乖巧、听话的孩子，但她有个小毛病—爱告状，一点小事就喜欢告状："老师，明明刚才拿书本打我！"、"妈妈，堂哥把我的玩具抢走了"、"爸爸，小刚今天上午突然打我，我都没招惹他！"……看到女儿这样，我就常对她说："云云，做人要宽容大度一些，老打小报告别人是不会喜欢你的。"但云云就是不听，还是为了小事就告状。

最后，我想到一个好办法：买几张彩纸，做成心形，然后对女儿说："如果你经常对老师或爸爸妈妈告小朋友的状，大人一定会批评他们，那么他们会怎么样呢？""会很伤心、会哭！"女儿小声答道。于是，我拿起一张心形卡纸撕了一个小口，说："看吧，像这样，你每次不宽容他人，他们的心灵就会受伤……"就这样在我的教育和引导下，女儿学会了原谅和宽容，再也不轻易去打别人小报告了。

这位妈妈的教育很睿智，她在给女儿讲道理的过程中运用了更加形象的工具，让女儿印象深刻。看到那个撕裂的心，相信小女孩一定会产生强烈的同情心，深刻反省自己的错误，自然学会了宽容和善待

他人。

方法二：告诉女孩人人都有缺点

生活中，我们常常会听到有些女孩这样说："妈妈，我们班的李毅怎么这么笨，竟然连足球都不会！""我是女生都敢跳鞍马，那些不敢的真是胆小鬼！"……而且说这些话的时候，女孩们的脸上总是会带些轻视和不满的神色。此时，父母绝不能随声附和女孩的观点或者只是一味地表扬自己的孩子，因为这很容易让你的女孩对他人产生偏见，甚至变得不能容忍他人的缺点。

这时最合适的做法就是在称赞自己孩子的同时，告诉她人人都有缺点，人人都可能会犯错误，自己要有一颗宽容大度的心，而且在包容他人缺点的同时，要学会去帮助别人改正错误，共同进步。

专家给父母的
管教课堂

美国著名的儿童心理学家汤姆·G.吉诺特认为，宽容关键在于：

1. 接受女孩所有的感觉，但不要过分纵容她。
2. 教孩子学会换位思考，站在他人立场上多想一想。
3. 告诉女孩她要对自己的行为负责。

第67招

教女孩学会与人分享

西方有句谚语"Sharing is caring"，意即"与人分享则是关心照顾别人"。在西方社会、学会与他人分享是一个小孩子从小就学习的美德，也是重要的社交能力之一。那么如何教会女孩学会分享呢?

有位母亲的教育经验是这样的：

我总会在生活中直接或间接地引导女儿学习分享。例如，我会时常有意地创造"分享"的情境。平时我绝不让女儿吃独食，因为这样做，会让她养成自私的习惯，所以每次吃东西的时候，女儿并没有得到特别优待，她和每个家庭成员吃的东西都是一样的。记得有一次我把一盘糕点放在桌上，然后对女儿说："我们一起来吃点心吧，这是你的，这是我的，这是爸爸的，我们一起来分享吧 "。

有时和女儿一起玩玩具，我也会有意地说："我也想玩，我们一起玩，好不好"或者是"我什么时候可以玩"、"好了，现在该我了，我们一起玩……"每当女儿做出慷慨的行为时，我都会给予她适当的表扬和赞美，并用一些特定的词汇如"分享"、"好朋友"、"快乐"、"慷慨大方"等，以便让她从小就了解这些词的表面含义和重要性。

另外，在其他社会场合中，我也会多鼓励女儿和别的小朋友交往，并给她制定了一些规则：只有她答应与小朋友分享，我才邀请客人来；不愿意分享的玩具，我会暂时放起来，直到她想分享的时候才拿出来等。当然对于女儿特别钟爱的东西，我会在客人来之前收起来。

这是一位理智而又聪明的妈妈，她深知分享对女儿的重要性，所以尽心尽力地教导女儿如何与他人一同分享，并在日常生活中引导女儿付诸行动，以便女儿在真实感受与他人分享的喜悦的同时，学会如何与他人交往。

分享作为一种美德，它所包含的东西很宽泛，除了孩子日常接触的吃的、喝的、用的等有形的东西，还包括思想、情绪、创意、意见等无形的东西。因此，尽早教会女孩学会分享，不但可以增强她的人际交往能力，更可以提升她的思考能力、合作能力、创新能力等，这些都会为她未来的人际关系“添砖加瓦”。

方法一：利用日常情境让女孩进行分享体验

父母是与女孩关系最为亲密的人，其日常生活中的言行举止和对待生活及周围人的态度，都会对女孩产生影响。因此平时父母就要做个有心人，常常有意识地把自己看到或听到的事讲给女孩听，让她一起快乐、一起忧伤，使女孩在潜移默化中获得情感分享。渐渐地你会发现，女孩也会把家中一些高兴、伤心的事，甚至会把晚上做的梦分享给家人听，让大家一起感受她当时的情绪。

小蕊是一个有些内向的小女孩，平时总喜欢一个人呆在家里玩。父母担心女儿长此下去会得自闭症，于是决定多抽出时间和女儿相处，并且总是有意无意地给女儿讲述一些发生在身边的有趣的事情，例如邻居张爷爷种的花开了，小美和乐乐参加了小区的中秋表演，李奶奶养的狗突然死了，等等。慢慢地父母发现，小蕊对他们讲的事情越来越有兴趣，而且也愿意把自己遇到的事情讲给父母听，每当这时父母都会适当地鼓励和表扬女儿。一段时间，小蕊开始走出自己的房间，去外边找其他小朋友玩了。

方法二：利用同伴交往培养女孩的分享行为

有位教育专家曾说：“一般的同伴交往和具体的同伴冲突是儿童发展视角转换能力的必要条件，是儿童摆脱自我中心的前提。”的确如此，年幼的小女孩常按自己的需要去感知事物，很容易受外界刺激的干扰，往往表现出不稳定的分享行为。

例如，女孩当着妈妈的面愿意与小朋友分享玩具，而等妈妈一走，她就立即抢回自己的玩具，这可以说是一种假分享行为，说明女孩在与同伴交往中仍难克服以自我为中心的意识。因此，我们还是应尽量多给女孩创造与同伴交往的机会，鼓励她参与集体活动，启发女孩学会与他人交流、磋商、协调，引导女孩把自己的书和玩具拿出来与小朋友一起分享。

方法三：通过外部激励，强化女孩的分享行为

没有孩子不喜欢表扬、赞美和奖励，所以当女孩表现出分享行为时，父母要及时用鼓励、肯定、奖励等外部激励的方法来强化女儿的分享行为，这样她就会感到愉快和满足，感受到大人的尊重，从而加强和维持自己的行为，直到将“分享”转化为自身意识。所以，女孩分享行为的形成需要外部激励来强化。

专家给父母的
管教课堂

心理专家李子勋认为，要想让孩子学会与他人分享关键在于：

1. 分享对于女孩的成长和发展有着重要影响，关系到女孩的健康成长。

2. 多创造一些孩子能够参与与分享的情境。

3. 增加孩子们在一起交流学习的机会，鼓励她把自己的东西与其他小朋友分享。

第68招

教女孩学会孝敬，学会尊重长辈

中国有句老话叫："百善孝为先。"自古以来，孝敬长辈就是中华民族的传统美德，但这种美德在一些孩子身上，尤其是独生子女身上却鲜有表现。事实上，有很多女孩的父母也无奈地表示：为什么这些被关爱的孩子学不会去爱呢？

这天，钟童放学后一回到家就气呼呼地关上自己房间的门，正巧下班回来的爸爸看到女儿怒气冲冲的脸，于是走进她房间问："今天谁欺负我的宝贝女儿了？"钟童有些委屈地说："还不是妈妈！她明明说好今天接我放学，可是我等了很久都没有见她来！"这时，爸爸也有些奇怪，自己下班后也没有见到女儿妈妈，于是，马上给妻子打电话，这才知道妻子竟然晕倒住进了医院。

爸爸要带钟童去医院看妈妈，钟童却说："我不去，我还有作业没完成呢！"无奈的爸爸只好一个人去医院看妻子。事后，妈妈很伤心，她对丈夫说："这孩子怎么这么不懂事，平时衣来伸手饭来张口，从来不知道帮我做点什么，现在我生病了，她竟然不来看我，到我老了，估计这孩子理都不理我！……"

为什么享有长辈更多关爱的女孩，却不懂得回馈，反而生出很多抱怨和冷漠呢？归根结底，这都和父母平时对女孩的教育方式有着极大关系。女孩是否孝敬、尊重长辈，这和日常生活中父母的教育"细节"直接相关，不妨想想：

平时，你是不是经常带女孩去看望爷爷奶奶、外公外婆呢？

辛苦劳累的时候，你有没有要求女孩过来帮忙呢？

或许很多父母觉得这些都是小事，岂不知正是这些不起眼的小事，在影响和教育着女孩如何做一个孝敬老人、尊敬长辈的人。

那么，父母具体应如何做，才能管教出一个有孝心、有爱心、尊重长辈的善良孩子呢？

方法一：让女孩体会长辈的辛苦

有一位母亲的育女经验是这样的：

从小我就教导女儿要尊老爱幼，虽然她是家中唯一的孩子，但是我从不娇惯她。平时的言行中，我总会让女儿体会长辈的辛苦，让她深知自己美好的生活是家人辛辛苦苦共同创造的。例如当我工作一天很累回到家时，女儿非要缠着我陪她玩，这时我不会很生气地说："妈妈很累了，你别烦我。"而是语气温柔地说："乖女儿，妈妈很累，因为妈妈想在你生日那天为你实现一个心愿。所以，妈妈要辛苦地工作赚钱。现在，你能给妈妈捶捶背吗？"女儿听了我的话之后，不再缠着我陪她玩，而是非常乖巧地给我捶背。

这位母亲的教育方法很值得女孩父母们一试，让孩子了解到你工作的不易，让她体会到长辈的辛苦。长此以往，她怎会不孝敬长辈呢？当然前提是，你不要每时每刻都在女儿面前唠叨工作生活的不易，在合适的时候说出才会产生有效的结果。

方法二：从小培养女孩孝敬父母的行为习惯

女孩通常比男孩更懂得体贴父母，但这也需要父母从小就开始培养她们的孝心。一般来说，孩子孝敬、尊重父母的表现有很多，比如懂得分担父母的忧愁，时常关心父母的身体健康，平常多帮助家人做家务，不会对父母无理取闹，等等。其实，要想女孩有这些表现并不难，父母可多从日常生活小事上去教育和影响女孩，例如要教会女孩，每天问候下班回家的父母；父母疲累时，女孩要主动请求父母去休息；父母生病时，要学会安慰和照顾，代替父母照顾家中来往的客人等。

当然，你一定要根据女孩的年龄、能力，进而提出不同的要求：假如女孩在上幼儿园或小学，你不妨时常对她说："乖宝贝，回家要主动和爸爸妈妈打招呼"，"爸爸妈妈下班后，要帮我们拿鞋、拿衣服"等；而面对已经十几岁的孩子，你不妨要求她："见人要主动问好，并帮助妈妈做家务"，"尊重父母，不要耍小孩子脾气"，"家人生病要主动照顾"等。

方法三：父母要为女孩树立孝敬长辈的榜样

孩子都善于模仿，父母对长辈的尊重和照顾会成为她们美德培养的最好范本。因此，父母平时都要注意为女孩树立孝敬长辈的榜样。

专家给父母的
管教课堂

培养女孩"孝敬"老人，是父母必须要完成的一项教育"任务"。对此，美国著名的教育专家威廉 · 贝纳德给出的建议是：

1. 父母不但要教育孩子孝敬自己的父母，也要让她学会关爱其他的老人。

2. 父母要以身作则孝敬老人，更要持之以恒地坚持下去。

第69招

教给女孩诚信的美德

“诚信为人之本”，自古以来这就是中国人最看重的道德标准，也是女孩必须具备的道德素质和品质。很多中国父母在女孩小的时候都会告诉她们：“做人要诚信”、“不能说谎”、“答应别人的事情一定要做到”等等，而且女孩平时接触的书籍、影视作品里也都有做人要讲诚信的原则。

一天，爸爸带女儿到同事家做客，并且一直催女儿赶快走。放下玩具就要跟爸爸一起走的女儿，在门口突然停住了。她对爸爸说：“爸爸，我不能和您一起去，我已经答应妞妞了。她今天要来我们家，我教她吹口琴。”

爸爸有些不在意地说：“我还以为多大的事，你下次教她不就行了。要不等回来以后你再跟她说，说个‘对不起’就行了，明天教也行。”

此时，女儿坚定地摇摇头说：“爸爸，不行，妞妞来了要扑空的。您平时不是一直教导我要讲诚信吗？我答应别人的事情，怎么可以临时反悔呢！”

爸爸开心地说：“女儿，你真是一个讲信用的好孩子，那你留下来等妞妞，爸爸一个人去了。”

父母教女孩讲诚信，就要从平常生活中的点滴小事做起。当然，父母也要教育女孩答应他人之前，一定要先考虑一下自己的能力，对于不能胜任的事情，不要轻易允诺别人；而对于已经答应了的，就要遵守信用。还要教育女孩，如果她在履行诺言的过程中因遇到特殊情况而无法兑现承诺的时候，一定要向对方说明情况并表示歉意。

除此之外，父母在平时还可从以下几方面入手，把女孩培养成讲诚信的人：

方法一：让女孩意识到诚信的重要性

现今社会，诚信对于一个人的价值已经远远超越了道德的伦理范畴。诚信，对于女孩来说，不但是一种美德，更是一种生存技能，它能为女孩带来很多益处，帮助女孩和他人建立和谐的关系。

因此，父母一定要在教育女孩的过程中，让她意识到诚信的重要性，告诉她诚信是做人之本，可以帮助她在人际交往中获得他人的信赖，并顺利开展合作；更要时时告诫她，不管在何时，一定要做到“言必信，行必果”，唯有这样才能更好地获得他人的尊重，在社会上立足。

方法二：父母要及时履行对孩子的承诺

父母是女孩最大的“影响家”，一言一行都会成为孩子模仿的对象。所以，培养女孩诚信的美德之前，父母就要先学会以身作则，做一个讲诚信的爸爸或妈妈，并且及时履行对孩子的承诺。

月月是一个有些固执的女孩，一天妈妈在做饭，恰巧家里的酱油不够了，就让月月出去买，但小丫头以看电视为由不去。繁忙中的妈妈为了让女儿听话，就说周六带她去游乐场玩。月月这才乐呵呵地帮妈妈打回了酱油。

周六一大早，月月就穿戴整齐地等着和妈妈一起去游乐场。可妈妈把这件事情忘记了，而且她已经答应朋友一起去超市了。月月当然很不乐意，妈妈也觉得自己的做法不对，于是妈妈马上跟女儿道歉，解释了原因，并且答应女儿下个周六补上。下个周六妈妈果然遵守承诺，和月月一起去游乐场。

由此可见，父母在答应女孩的要求之前一定要想好自己能否做到。一旦应允了女孩，父母就要及时履行自己的承诺，绝不要让女孩在父母的不良影响下养成言而无信的坏习惯，而是让她从父母的身上学到“如何做一个讲诚信的人”。

方法三：满足女孩的合理需要

很多时候，女孩不诚信是因为她的某些需要没有得到满足，因此她会寻找满足需要的办法，于是“不诚信”、“谎言”这些不良行为就出现了。所以说，父母们一定要满足女孩的合理需要，慢慢培养她们的诚信美德。

有一位母亲的教育经验是这样的：

一天，女儿为了得到一件漂亮的裙子对我说：“妈妈，你给我买那条白色的公主裙吧。我们学校女生都买了那条裙子，可好看了！只有我没有！”我知道女儿这样说无非是小女孩的虚荣心在作祟，但是我没有马上斥责女儿的不懂事，而是给女儿认真分析了她的需要：“你夏天的裙子只有一件粉色的，而且还是去年买的，给你买一个替换的裙子可以。不过，你说全校女生都买了这样是不对的，下次要真实地说出自己的需要。”女儿不好意思地说：“妈妈，我错了！”

专家给父母的
管教课堂

如何让女孩遵守“诺言”呢？著名教育专家孙云晓给出了建议：

1.告诉孩子要通过奋斗而不是通过谎言或虚假的表现，去获得自己想要的东西。

2.诚信需要从小培养，让孩子做到说话要算话，告诉她说了是要负责任的。

3.日常生活中，大人要以身作则，成为孩子良好品行的榜样。

第70招

教女孩学会感恩

西方哲学家尼采说过这样一句话："感恩即是灵魂上的健康。"中国自古也有"滴水之恩，涌泉相报"和"投我以木桃，报之以琼瑶"这样的千古名句。感恩是每个女孩都应具备的品德，而感恩教育是父母帮助女孩获得幸福人生的必备条件。

在女孩的一生中，有父母的养育之恩、老师的教育之恩、社会的关爱之恩、自然的馈赠之恩等等。女孩唯有学会感恩，才能真正拥有创造快乐幸福人生的力量，变成一个有责任感、有爱心的善良之人。

有一位年轻的母亲，在女儿5岁生日那天，她没有给孩子买生日蛋糕和漂亮的衣服，也没有为孩子请来亲朋好友祝贺，而是带着女儿去了妇产科医院，告诉女儿是哪位医生阿姨把她带到了这个世界，并且让女儿给那位接生她的阿姨送上一束美丽的鲜花，表达全家人的感谢之情。

看，这是多么明智的一位母亲。事实上，她给予了女儿这个世界上最无价的生日礼物——一颗感恩的心。

现实社会中，并不是每一位父母都做得这么好，以至于造成很多小女孩感恩心缺失，成为她们在社会上成长的绊脚石。有些女孩从小到大得到太多的关爱和呵护，但她们却对于那些爱她们和帮助过她们的人，缺少应有的爱心和感恩心。

那么父母们应如何培养女孩的感恩心，把她变成一个心中装着他人、热情、不再自我的女孩呢？不要心急，父母们不妨尝试以下几种方法：

方法一：父母为女孩做出感恩的榜样

常言道："言传不如身教"，作为女孩的父母，你首先要有一颗感恩之心，尤其是越在那些看似最不起眼的日常小事上，表现出你的感恩心、责任心和爱心，你的孩子感受就会越深刻，影响也就会越大。

家庭是女孩人生的第一堂课，父母就是她的第一任老师。父母身上的情绪、习惯、性格、品德等都会在日常生活中对女孩产生潜移默化的影响。因此，培养女孩感恩的美德，父母就要做到感恩于亲人、朋友、社会、大自然等。

方法二：让你的小公主学会感谢

父母要教会女孩：无论何时都要把"谢谢"两个字挂在嘴边，要学会事事感恩，学会牢记别人帮助自己的事情，学会忘记自己帮助别人的事情。

有一天妈妈带李珍去动物园。回家的路上，李珍对妈妈说："妈妈，我今天在动物园表现得很乖，你要买个洋娃娃奖励我。"妈妈想了想说："妈妈花钱让你和小动物们来了一次亲密接触，满足了你的愿望，你应该感谢妈妈才对啊！"李珍似乎听懂了妈妈的意思，不再吵着要洋娃娃，而是微笑着对妈妈说："谢谢妈妈！"

父母就要像上面这位母亲一样，引导女孩感谢身边的人和事，例如你可以告诉她：这个书包是爷爷买的，你要感谢爷爷；小区的花草是李叔叔整理的，你要感谢叔叔；老师教给了你知识，要经常对老师说谢谢；朋友帮助你打扫卫生，你要谢谢他们，等等。

方法三：和你的小公主一起感恩社会

前苏联著名教育家苏霍姆林斯基曾说："良好的情感是在童年时期形成的，如果童年蹉跎，失去的将无法弥补。"所以，父母要培养女孩学会感恩他人，就要从很小的时候开始，并且渐渐培养女孩由家庭走向社会，从关爱身边的人扩展到关爱社会上的其他人。

例如，作为父母的我们可以和女儿一起献爱心，为贫困山区、灾区、福利院的孩子或残疾儿童捐款捐书、赠送玩具等；寒暑假，父母可以带着孩子去做义工，体会帮助他人的快乐。

专家给父母的
管教课堂

如何让女孩学会感恩是非常重要的一件事，对此，著名教育专家王金战给出如下教育方案：

1. 让女孩学会感恩，感激父母，感激亲人，感激老师，感恩大自然等，培养她健全的人格和美德。

2. 父母要让女孩懂得爱、学会爱，但前提是父母不能“溺爱”孩子，更不能向孩子索取“爱”的回报。

第71招

让“责任心”与女孩的成长同行

女孩的责任意识通常比男孩要强，所以我们常常会看到，女孩会主动帮父母做家务，帮老师收作业本，更关心集体荣誉。但现在的女孩生活在一个独生子女的时代，父母的溺爱、娇惯和过多保护，造成她们责任意识下降、自我意识上升。于是在现实生活中，我们会常看到下面这样的事情发生：

冰冰已经上初中了，但是什么家务也不做，有时妈妈催促她去做，她还要找出种种借口拖延时间。

小蝶上小学五年级，无论是老人或是孕妇站在她身边，她从来都没有给对方让过座。

乐瑶是一名高一的学生，在公共场合，她不但没有责任意识，也不爱维护自己女孩的形象。不是随意闯红灯，就是随地吐痰。

……

以上这些都是女孩缺乏责任心的表现。一个没有责任心的女孩，往往以自我为中心，从不考虑他人的感受。而且一个没有责任心和没有价值感的女孩，很容易感到迷惑，失去创造的动力，容易被其他一些物质性的东西所吸引，最终沉溺其中过完平庸的一生。反之，有责任心的女孩，凡事都会负责任，会努力地去做，更容易获得成功女神的青睐和他人的喜爱。

一位妈妈在自己的育女笔记中这样写道：

女儿雨烟出门从来不用我费心，我也不像别的妈妈一样冲着顽皮的女儿大喊："慢点，看车！"有时，女儿反倒像小大人一样拉着我的手说"妈妈，我领着你"，生怕我迷路和发生危险的样子；每次我带女儿去逛超市时，女儿都会为我拿购物篮，出来时还会帮我拎东西。

看着雨烟小小年纪就这样有责任感，邻居们就问我："你是怎样教育孩子的呢？"这时，我总会很自豪地说："我总会在女儿面前'示弱'，每次出门的时候，我会告诉她，妈妈不认识回来的路，你回来时要给妈妈带路呀；有时去超市购物，我就会对她说，妈妈力气很小，拿不动了，她就会主动过来帮忙……每次回到家后，我都会向老公大大夸奖女儿一番，'咱们家雨烟表现真不错，现在都是大人了'，现在我们母女俩在一起，她常常照顾我。"

从女孩呱呱坠地那天起，我们就应该把她看成一个独立的人，她不会也不能一直依附于我们。而作为一个独立的人，女孩的成长不仅是身体和智力方面的，还有人格、品质和性格等方面的。因此，父母应该让女孩为自己的行为负责，而且要为她的成长提供各方面的条件以及正确的引导，使其成为一个完整意义上的人。

责任感有助于女孩理解、体谅别人，养成合群的好习惯。所以，培养女孩对自己、对他人、对社会的责任心是家庭教育中非常重要的一课。

方法一：从女孩身边的小事培养其责任感

培养女孩的责任感是一个逐步发展的过程，父母必须从孩子的幼年阶段抓起，从那些一点一滴的日常小事中，有意识地为女孩创造各种机会，来引导和培养她的责任感。

下面这位父亲做得就非常好：

女儿丝丝很爱坐游乐场的旋转木马、海盗船、宇宙飞船等。以前，我总是带她买一次票，玩一次。现在，为了培养女儿的责任心，我一下子买了许多票，交给她保管，我只负责带她到入口处。结果，女儿坐完海盗船后，却找不到其余的票了。我至今仍忘不了女儿丝丝那种期冀的眼神，如果重新买票也不过几元的事，但是为了让她学会承担责任，我没有去买票，而是故作轻松地说："找不到就不坐了，我今天带的钱是买今天的票的。下次要把票放好啊。"这次经历无疑对培养女儿丝丝的责任心很有用处。此后，无论交给她什么东西保管，她都没有遗失过。

虽然是一件小事，却能让女孩感受到"责任"的重要性。所以，现在开始，就从身边的小事上培养女孩的责任感吧！

方法二：告诉女孩，自己的事情自己做

要培养女孩的责任心，父母就要在女孩的学习、生活中纠正她的不良习惯，让女孩学会自己的事情自己做。

培养女孩的生活自理能力和学习独立性，是培养她责任感的最好方式，而且从一开始你就要让女孩明白，她所做的一切不是为了父母，而是为了她自己。所以，作为父母，你要首先学会"放手"，让女孩学会独立思考、独立解决问题，然后恰当引导她认识"责任感"的重要性。

专家给父母的
管教课堂

如何在女孩幼小的心田里播种下责任的种子？"知心姐姐"卢勤是这样回答的：

1. 孩子可以完成的事情，父母不要"包办"。

2. 在家里，要给孩子参与劳动的机会和岗位。

第十三章

能力培养——传授女孩学会独立的技能

女孩的创新能力要有意识地培养吗？

怎样提高女孩的时间管理能力呢？

如何教会女孩理财呢？

培养女孩的社交能力的方法有哪些呢？

提升女孩的合作能力和应变能力要注意哪些方面呢？

……

现在，就请带着这些问题，去本章寻找答案吧！

第72招

有意识地培养女孩的创新能力

爱因斯坦说，唤起创造性的表现与求知之乐，是为人师者至高无比的秘方。这也是父母们需要铭记的至理名言。一个没有创新意识的孩子，怎能在这个日新月异的世界里“远行”甚至“高飞”呢？所以，为了孩子美好的将来，身为父母，应该从小就重视对女孩创新能力的培养。

静丹是一个很爱拉小提琴的女孩子，父母特意给她买了一把小提琴。有时候家中来了客人，静丹会主动给大家演奏一首。有一次，静丹的爸爸带朋友来家里做客，大家要求静丹拉一首曲子给他们听。不巧的是，静丹的小提琴弦折了一根，还没有来得及去修，只好拒绝了大家的请求。这时，静丹的妈妈突然说：“女儿，妈妈一直认为你是个小天才，那你能用少了一根琴弦的小提琴为大家演奏出完整的曲子吗？”于是在妈妈的鼓励下，她开始演奏起来，竟然真的用断了一根琴弦的小提琴演奏出了一曲优美的歌曲。此后，静丹想出了各种奇怪的指法和方式练琴，不但其乐无穷，其琴技也突飞猛进。

女孩的创新能力需要父母的鼓励、肯定，还有启发和引导。在女孩还很小的时候，父母就要有意识地进行培养。以下几种方法，可以帮助父母提高女孩的创新能力：

方法一：鼓励女孩在“破坏”中探索

生活中，我们总会看到这样类似的场景：洋娃娃被拆得七零八落，小机器人的零件散落在客厅里，桌上的电话机被拔掉了线头，妈妈的新衣服被画成了彩虹……不用说，这肯定是家中小公主的“杰作”。为此，你是否会不停地埋怨女孩，好好“教训”女孩一番呢？记住！千万不要这样做，因为你的女孩正是通过这种“破坏”活动，使自己产生一种愉悦的情感和感官体验，通过愿望的满足，来探求周围的世界并获得新知的。

作为女孩父母，我们一定要正确理解女孩的顽皮、淘气、不听话、捣乱，要笃信“异想天开能出奇才”和“会拆会装能长智慧”，要容忍并鼓励女孩搞点“小破坏”，并且可以在家里给女孩提供一些能搞“小破坏”的材料，如报废的小闹钟、小手电筒、小半导体、能够拆卸拼装的小玩具以及小的木工工具等，并给以指导。

方法二：保护好女孩的好奇心

具有好奇心是孩子的天性，也是迸发创新能力的前提。正是因为好奇，孩子才有了求知欲，这种求知欲就是女孩最宝贵的创造性心理之一。所以，一旦你发现了女孩的好奇心，就要注意保护，并点燃她创新思维的火花，千万不要忽视或泯灭女孩的好奇心。

方法三：引导女孩从多个角度思考问题

无论是日常生活还是学习，父母都应该多向女孩问些开放性的问题，给孩子更大的空间进行思索，有意识地引导女孩从不同方面去处理问题，以培养她的创新能力。

专家给父母的
管教课堂

如何培养孩子的创新能力呢？教育专家蒙台梭利给女孩父母们的教育经验是：

1．要把女孩的想象力转移到对艺术作品的阅读和创造上。

2．先从培养孩子的观察力开始。

3．对于孩子某些自发的富有创造性的行为，父母一定要小心呵护。

第73招

教女孩学会时间管理

不少女孩父母都有这样的困惑：从早上起床、吃早饭，到晚上放学回家写作业、洗澡、睡觉，女孩总是拖拖拉拉，不知道抓紧时间。就像下面这位妈妈遇到的情况一样：

“小箐，起床了，该上学了。”我边在厨房忙碌，边大声叫女儿起床。可是等我饭都准备好，却发现小箐仍没有任何动静。跑到房间一看，女儿只穿好了毛衣，又歪在被窝里呼呼大睡了。一看时间，七点五分了，急得我赶紧掀起被子，一把将她拉了起来，“快起，迟到了！”女儿依然懒洋洋的，没有任何行动，气得我大吼一声：“再不快点，今天别上学了！”女儿这才在我的怒气下醒了，赶紧穿好衣服。

接着，女儿来到了卫生间，开始洗漱，可是十分钟过去了，依然不见她出来，我跑到卫生间一看，挤着牙膏的牙刷依然横在杯子上，女儿竟然在玩水，嘴里还“砰砰”念叨着，玩得正高兴。我看到这一幕，气得火冒三丈。训斥，催促，八点还差十分的时候，女儿终于出了家门。我像刚参加完一场战斗的战士，这才松懈下来。可是，我心里知道，晚上还有另一场关于“家庭作业”的艰苦战斗正在等待着呢。

女孩的时间管理能力，首先来自对时间的概念。很多父母经常会大声对女儿叫嚷：“快点，快点！”可是，对于女孩，她并不理解时间的意义，也不明白“快点”是什么意思，究竟怎样才算是“快点”。由于毫无时间的概念，她当然很难做到。因此，教会女孩管理时间的第一步，就是引导她建立对时间的概念。比如读故事的时候，你可以看一下钟说：

“现在长针指到‘4’，是7点20分，我们开始讲故事了。”等到读完故事，再看一下钟：“10分钟过去了，长针到‘6’了。”这样女孩就能够随时随地“听”到时间、了解时间，由此加深对时间概念的感觉。还有以下几种方法，可以改进女孩的时间管理能力。

方法一：利用“时间限定法”帮助女孩管理时间

等到女孩大一些之后，父母可以用“时间限定”的方法帮助她掌握时间管理的初步能力。比如今天要出去玩了，“乖女儿，爸爸数20个数，你能不能穿好鞋呢？”当女孩做事情越来越熟练的时候，父母可以相应缩短时间，提高任务难度，让女孩不断获得自我突破。父母还应该帮助女儿做计划。计划可以按“天、周、月”进行划分。如果女孩不知道怎样去计划，父母可以帮忙做一个模板，让女孩模仿，由此了解计划的真正意义。当然，在计划实施的过程中，女孩可能会拖延、找借口，甚至计划中的十项工作只能完成两三项……父母需要多一些耐心，坚持引导女孩。

方法二：教会女孩统筹安排

女孩学会统筹安排事情，才会在有限的时间内做更多的事情，提高时间的利用率。

很多情况下，小女孩在做事情时，都是一件事情完成后再去做另外一件事情。因此，作为父母，我们要教女孩学会同时做几件事情，并根据事情的特点与需要的时间学会统筹安排，这样能够节约时间。

方法三：让女孩学会分出事情的轻重缓急

父母教会女孩把事情的轻重缓急分出来，让女孩在第一时间把那些必须且紧急的事情做完，再去做别的事情，这样合理利用时间，有助于提高其做事效率。

一位母亲向别人这样讲述自己的女儿：

我女儿友珊只有9岁，却不需要我们吩咐任何事情。每个周末，女儿早晨起来第一件事情就是摊开记事本，写下自己一天要做的事情，并且按照轻重缓急从上到下罗列开来。

接着，她按照所罗列的任务单，从第一件事情开始做，做完一件事情才会接着做下面的事情。这样，根本不用大人督促，友珊不但能很快把作业做完，同时还有玩的时间，这令我们感到很高兴。

父母每天让女孩把一天的任务写下来，分出哪些是紧急要做的，哪些是次要的，哪些是必须要做的，哪些是可做可不做的……然后进行先后排列，让女孩根据排列的先后顺序去做事，就会提高她的时间管理能力。

专家给父母的
管教课堂

“知心姐姐”卢勤认为，假期是对孩子进行“时间利用课”的最好机会，她开出的教育方法是：

1. 父母要告诉女孩，一旦定下来的计划，就要严格执行。

2. 把假期时间全部交给孩子，叫孩子自由支配，并告诉她时间的珍贵。

3. 父母协助孩子制订假期计划，如每天的生活如何安排，必做的事情有哪些。

第74招

教女孩学会如何理财

中国的父母总是尽可能地满足孩子的物质需求，例如只要女孩能够努力学习，即使提出些很过分的要求也会满足，给女孩零用钱也是随性而至或尽可能满足。尤其是经济条件优越的家庭，父母会给女孩买各式各样她想要的用品、照上千元的摄影专辑、给大把的零花钱……只要女孩高兴，学习好就行。父母这种行为不但使女孩养成了乱花钱、好逸恶劳的个性，而且间接抹杀了女孩自我创造的能力，同时也会削减女孩创造的动力。

明美是独生女，爸妈因为都在外地做生意，就把明美寄宿在了学校。明美虽然今年刚满11岁，手里头却时常握着几张百元大钞。只要自己想要什么东西，不管那些东西自己是否需要，就会花钱去买，花完钱后找爸妈要，明美的父母也从没有拒绝过，并且还对明美说："我们忙，没有多余的时间来陪你，需要什么你就自己去买，钱要多少都给你。"

明美在爸妈这样的允诺下，从开始只买小东西变成了疯狂购物。本来只是一个11岁的小女孩，却成了购物的老手，她的小屋里堆满了各式各样的高档玩具，还有品种多样的零食，有很多零食都已经过期还没有吃。

有一次，爸妈上星期刚给了明美四百元钱，可没过两天，就被她花完了。明美又打电话向爸妈要，刚好那几天明美爸妈的生意不好，就没好气地告诉她说："没有钱了，刚给你的钱都花到哪儿去了？"

说完就把电话挂了。两天后，学校的老师联系到明美的父母，告诉他们明美在学校偷了同学的钱。这一下，明美的父母惊呆了，此时他们才意识到应该对明美花钱早做控制才是。

现在，理财能力已成为与情商、智商并列的三大不可或缺的能力。理财专家建议，父母应用游戏、亲身体验等寓教于乐的方式对女孩进行理财能力培养，并根据女孩不同的年龄阶段，按一定步骤培养女孩的理财意识。

当然，还有很多理财方法可以提供给女孩父母们：

方法一：教女孩掌握理财技巧

理财技巧有很多，父母应根据女孩的年龄，有选择地教给她一些理财技巧，这会增加女孩的理财兴趣，继而提高她的理财能力。

有一位母亲是这样做的：

可馨今年9岁，我为了让她知道省钱，叫她买什么东西都记在一个账本上，当用的才买，不当用的不论多么便宜都不要去买。另外，我还给女儿准备了三个钱罐，把剩下的钱根据不同的需要分别投入不同的钱罐中。一个钱罐是买平时必需品的钱，一个钱罐是买一些贵重物品的钱，另外一个钱罐则是不需要用的钱，用于存入银行，或者进行投资。

可馨掌握了这些理财技巧之后，不长时间，各个罐中都已经存有不少钱。不但平常买必需品随时有钱，买贵重一些的东西也有钱了，并且我还帮可馨把另一个罐中不用的钱以她的名义存了银行，这样可馨在银行里也有了存款，她别提有多高兴了。

方法二：教你的小公主学会节约、合理消费

在一次亲子讲座上，一位母亲讲述了自己的育女经验：

我女儿上小学二年级，是个寄宿生，因为我们在她刚上一年级的时候，就曾引导她如何花钱买东西，应该如何去消费。慢慢地，女儿学会了合理消费。现在，班里的同学有出去买东西的，都会叫女儿一

起去。因为女儿无论去买什么东西，都像个大人似的去仔细挑选自己所需要的物品，对比哪个质量比较好，挑选好后，还会与卖主讲价，通常她买回的东西既便宜，质量又好。

其实，做父母就应该像上述例子中的母亲一样，在给女儿钱时，一定要告诫女儿哪些是需要买的，哪些是没用的，让女儿学会节约。

方法三：教女孩养成储蓄的习惯

很多时候，父母给女孩的零花钱，她不可能一下子花完，这时你就应该及时教女孩学会储蓄，否则她会把钱花得一分不剩，这对培养她的理财能力没有一点儿好处。

女孩向父母要钱买东西时，我们要告诉女孩把买东西剩下的钱积攒下来存着，也可以把它存入银行，积攒多了以后，可以买自己需要的大件东西，这样女孩会提高储蓄的兴趣。

专家给父母的 管教课堂

“股神”巴菲特认为，父母最大的责任就是要教会孩子懂得如何养活自己，如何去投资赚钱。对此，他给自己子女的忠告有：

1.“要学会以 40 美分的钱买 1 美元的东西”，让孩子学会珍惜每一分钱。

2.行动之前一定要做好周密的思考，不要盲目或跟风投资。

第75招

重视培养女孩的社交能力

据心理学家多年的研究，许多成年人的不善交往、拘谨可以追溯到幼儿时期。如果女孩子的拘谨、不善交往在幼时得不到解决，那么她的不合群、不爱与他人交往的个性将会妨碍她今后事业的发展。社交能力是人的一生当中最重要的内容之一，许多父母因女孩不懂得谦让，不善于与同伴交往、合作而伤脑筋。下面这个家庭就遇到了这样的问题：

月婵在家里很懂事，父母有什么事需要她帮忙，她就会急忙去做。平时在家里，没有父母的吩咐，她也会去做一些力所能及的家务，是家里的乖乖女。但是，月婵有一个很大的缺点，就是不愿意与人接触。在家里时，父母让她出去与小伙伴们玩，她不出去；叫她出去买东西，也不去；家里来了客人，月婵不仅不与客人打招呼，还独自躲在屋里不出来；学校的老师也反映月婵在校里不爱言语，与同学们的关系也很一般。月婵的状况令父母很头疼。

女孩的一生都离不开交际，在家时需要与家人沟通，在学校需要与同学、老师相处，走向社会时需要与同事、老板、陌生人交往等等，没有哪一样能够离开交际。一个有着良好交际能力的女孩，无论在什么场所、什么时候，她的生活中到处都会充满阳光、欢笑，不会感觉到孤单、落寞，同时她的自我价值感也会得到增强，做事的成功率也会得到提高。

假如女孩交际能力差，那么将来她很有可能因此受人排斥、得不到他人关爱、自卑感严重，甚至抑郁。因此，我们需要全力提升女孩的社交能力。

方法一：教女孩克服社交时的自卑心理

一位母亲在博客上写下这样一段文字：

我的女儿是个右手残疾的女孩，今年上小学二年级。每当看到周围的同学用右手写字，而自己用左手，女儿就显得特别伤心。她怕老师、同学们笑话自己，所以为了不引起别人对自己的注意，女儿从不与同学们玩。她整天默默地坐在角落里，没有一个朋友。

不仅如此，女儿放学回到家里也不爱说话。我发现了女儿的变化，问清女儿不高兴的原因后，笑着夸女儿左手写字很好，班里其他的同学却不会用左手写字，同时又举了很多残疾英雄的例子，赞美女儿的勇敢，并且以有这样的女儿而骄傲。在我的一番开导下，女儿开始克服自卑，与班里的很多同学成了好朋友。

女孩自卑，都会有一定的原因，例如天生的身体缺陷、学习能力不好、害羞、父母经常的批评或指责，等等。因此，我们应该引导女孩多看到自己的长处、优点，多鼓励她发挥自己的优势，这样才能帮助女孩树立信心，克服自卑，从而增强社交能力。

方法二：教女孩学会倾听，有助其人际交往

倾听，不仅能理解别人说话的意图，还能显示自己的涵养，同时也表示对说话人的尊重。学会倾听，是女孩良好交际的起步。

不要小瞧倾听的作用。在人际关系中，不会倾听就等于不会说话。谁会喜欢和一个经常滔滔不绝发表自己主观看法，不听别人说话的人在一起呢？因此，为了不让女孩的人际交往出现障碍，父母要教女孩学会倾听，比如听别人说话时不仅要集中注意力，不能随便插话，同时还应学会倾听的方式——双眼平视对方，身体稍微前倾。这样既表示自己的谦虚，又对说话人表示尊重，会收到良好的效果。

方法三：学会换位思考，女孩会拥有更多朋友

学会换位思考，女孩才会学着站在别人的角度去思考问题，进而理解别人如此说、如此做的意图，以及别人的需要，才会考虑自己应该如何说话、做事，自然她的交往能力也会得到提升。

因此，我们应该要引导女孩学会换位思考，让女孩站在别人的角度去想，这样女孩才不会以自我为中心，才会想到别人的需要，从而做出更加友善的行为，以此拉近彼此的关系。

专家给父母的
管教课堂

如何帮助女孩建立良好的人际关系？“知心姐姐”卢勤总结出了三个“秘诀”：

1. 自信。培养孩子的自信心，让她相信自己能行。

2. 热忱。教会女孩对他人捧出真诚的心。

3. 沟通。教会女孩学会真心欣赏他人、多发现他人的长处。

第76招
传授女孩与人合作的能力是立足之本

合作能力是女孩在未来适应社会、立足社会不可缺少的重要因素。欧洲著名心理分析家阿德勒认为：假使一个儿童未曾学会合作之道，他必定会走向孤僻之途，并产生牢固的自卑情绪，严重影响他一生的发展。

培养女孩的合作性，还可以在孩子之间营造一种团结、友爱、互助、合作的群体氛围，增强女孩的社会适应性。因此，父母必须在潜移默化中帮助女孩树立正确的合作意识。那么，有哪些教育方法可以帮助父母们提高女孩的合作能力呢?

方法一：让女孩学会悦纳别人

让女孩从内心深处真正愿意接纳别人，这才是悦纳别人。所谓合作，既有合作双方长处的珠联璧合，也是双方短处的相互遏制。而有效合作的过程就是互相利用各自优势和资源，互为弥补各自的不足，以共同获得更大效益的过程。因此，我们让女孩在合作的过程中，学会接纳别人和欣赏别人是非常重要的。

所以，父母可以通过故事并结合自己的言行让女孩明白每个人都各有所长，各有所短，不要妒忌或是轻视别人的长处，也不要对自己失去信心，而是善于互相利用彼此的长处，从而实现共同的目标，实现双赢。

方法二：让女孩多参加集体活动

因此我们要让女孩多参加一些集体活动，使她在集体活动中意识到与他人合作的必要性。让女孩在集体交往中增强团体合作意识，进而掌握处世艺术，形成乐观、大方、宽容、团结等优秀品质。

具体来说，你可以鼓励女孩参加体育运动，如排球、篮球等，既有两个团队之间的对抗与竞争，更有团队内部的协调一致，非常有利于培养女孩的团队精神与竞争力。

方法三：教女孩一些合作技巧

父母要告诉女孩，在合作中既要尊重对方，服从大局，讲统一，又要有自己的立场。当然，容忍和随和都是有限度的。还有，在与他人合作的过程中，不能唯我独尊，只想着自己，要充分顾及他人的需求和感受，哪怕必要时做出一些让步和牺牲。与此同时，还要教育女孩不要事事唯唯诺诺，迁就和让步也有限度，不是无原则的。通过一次次的交往与合作，女孩就能逐渐学会了合作的方法、策略，深刻体会到合作的重要性。

专家给父母的

管教课堂

“知心姐姐”卢勤认为，教会女孩与他人合作非常重要，因此父母应该这样做：

1. 父母必须用爱教育女孩，和孩子商量办事，让孩子学会与父母友好合作。

2. 如果女孩在父母面前讲别的孩子的“坏话”或“告状”，做父母的一定要对此表现出“无兴趣”，并引导女孩去发现别人的优点。

3. 做父母的一定不要在女孩面前讲老师的“坏话”，否则孩子会不乐于与老师合作。

第77招

提高女孩的应变能力

一个小学生的家中失火，他用淋湿的被单护着自己冲出了火场，转危为安。事后他说父母以前曾给他讲过这方面的知识。比如迎面碰上飞驰的车辆怎么保护自己，有人在众人面前诋毁自己怎样对待，小朋友之间出现矛盾如何解决等等，再帮助他分析最佳的处置方法。渐渐地，孩子变得灵活机智，遇到何种情况，也能从容应对了。

关于提高女孩应变能力的方法有以下几种：

方法一：培养女孩对突发事件的处理能力

父母平时要有意识地给孩子讲一些社会中的不良事件，让孩子知道哪些人是坏人，不可相信。同时要教会孩子遇到类似事件时沉着应对，做到随机应变，以增加孩子处理突发事件的能力。

湘湘今年5岁，刚上幼儿园。虽然人小，却是个鬼机灵。有一天下午放学后，爸妈还没有来接自己。湘湘就从学校里溜了出来，想到外面看看妈妈来了没有。

出了校门，她朝家里的方向看了看，还没有妈妈的影子，于是就在旁边的一个石堆边玩起了石子。她玩得正起劲，一个三十多岁的妇女走到她面前，告诉湘湘是她妈妈来让接她的，湘湘看着面前的陌生妇女，想起了妈妈常和自己提起那些拐骗孩子的事情。她眼珠一转，冲着那妇女说道："好啊，我早就等着急了，你等着我，我去学校拿书包出来。"那妇女没有想到如此小的孩子会说谎，为了不使湘湘怀疑，就冲着湘湘笑着说："你去拿吧，阿姨在这里等着你。"

湘湘赶忙撒腿就向校园里跑，她找到老师，说了刚才发生的事情。老师听后吃了一惊，她领着湘湘走到校门外，看见那个妇女正朝校门口张望，一看到湘湘身边跟着大人，便快步走开了。

方法二：让孩子多参加一些具有挑战性的活动

有意识地让孩子去做一些有难度的事情，或者参与到富有挑战性的活动中去，这样孩子在实际的活动中，通过自己积极思考，动手实践，应变能力就会在不知不觉中得到锻炼。

笑笑长得娇小，虽然今年12岁，个头却像8岁小孩子，身材如此，胆子也不大，遇到什么事情只会退缩。爸妈试了很多方法都不见效。最后，听人说让孩子多参加一些挑战性的活动，可以提高小孩的胆量与应变能力。笑笑就被父母带着经常去做一些稍微高难度的事情，开始时笑笑还是胆小，后来完成了一项难度较高的活动时，爸妈的激励让笑笑自信了很多。以后同龄的孩子不能完成的许多事情，笑笑通过思考，进行多方面分析与动手实践，都获得了成功。

父母要经常带孩子去参加一些具有挑战性的活动，让孩子在活动中增强动脑、动手的能力，必要时父母给予正确的引导，锻炼的次数多了，孩子的应变能力就得到了提升。

专家给父母的
管教课堂

面对如何多方面培养女孩的应变能力的问题，日本著名教育家铃木镇一给出的回答是：

1. 培养孩子适应周围环境变化的能力。
2. 培养孩子对突如其来事件的应变能力。
3. 培养孩子对不同事物作出不同反应的能力。

第十四章

习惯养成——调教出女孩好习惯

古罗马著名的哲学家爱比克泰德曾说过：
“是否幸福并非取决于天性，而是取决于人的习惯。”
没错，习惯是奠定女孩幸福人生的基石。
因此，父母要着重培养女孩的良好习惯。
正确的饮食观，让女孩远离挑食、厌食；
做事有始有终，让女孩学会坚持和忍耐；
知错就改，让女孩学会反省和承担；
……

第78招

不再挑食、厌食，调教出女孩健康饮食观

很多女孩的父母，大多遇到过这样的尴尬：女孩在前面跑，父母在后面追，哄骗、恐吓，想尽了一切办法，挑剔的女孩还是不肯好好吃饭。女孩挑食、厌食确实是父母最揪心的事了。

一位老师记录了这样一件事情：

今天吃午饭的时间到了，喷香的鸡腿，诱人的青菜，美味的骨头汤香气扑鼻，好多孩子在津津有味地吃着，惟独燕青拿着勺子在盘子里搅来搅去，嘴里说着“我不喜欢吃……”之类的话。眼看别的孩子都快吃完了，她却剩了好多。于是，我提醒她吃快一点，饭菜有营养的，要吃完才会长高个。在我的催促下，燕青又勉强吃了一点，但当别的孩子都吃完后，燕青就一口也不想吃了，她大声地说：“我真的吃不下！”然后大哭起来。我试着喂了她一口，她却偷偷吐了出来。

孩子挑食、厌食的原因有很多：一是由于家庭成员对其过分溺爱、迁就，生活上照顾太周到；二是家人平时提供给她的零食过多；三是她觉得食物不对口，不好吃……若长期如此，女孩在心理上会逐渐对饭菜产生抵触，稍有不喜欢吃或强制她吃就以大哭来反抗。

父母们应该为女孩讲明白挑食、厌食对身体的危害，如不好好吃饭身体就差，身体差抵抗力降低就容易生病，生病了要看医生，要打针吃药，一般小孩子一听到打针就害怕，自然也就好好吃饭了。对于厌食、挑食情况严重的女孩，父母们还可以采用以下几种方法：

方法一：让女孩远离零食

很多小女孩都喜欢吃零食，有些人甚至把零食当饭来吃。而父母为了表示“爱孩子”，不去限制她们，甚至还主动去给孩子买。其实这样做是错误的，孩子吃太多的零食，就会影响到正餐的饭量，导致其出现厌食、挑食。另外，孩子体内摄入太多的零食，还会损害她们的肠胃，造成消化系统功能紊乱，甚至会影响到她们的生长发育。所以，父母应该限制女孩吃零食的数量，更不能让女孩养成吃零食的习惯。

方法二：让女孩受点约束

女孩子不肯好好吃饭，父母放任她肯定不行，喂她也不行，怎么才行呢？实践表明，父母的强制命令对小女孩很有帮助。你可以采用“限时制”，例如吃中饭和晚饭时，饭后有女孩喜欢看的动画片 VCD，你就要规定女孩在看 VCD 前 5 分钟必须把饭吃完，，否则不能看。她为了自己喜欢看的动画片，一般都会按时吃完。有时候没有动画片，就利用她喜欢的一个玩具或一本书，她为了自己喜欢的东西，还是肯配合的。

这个办法带有强制性，父母一定要狠下心，严格执行。要知道在没有道理可讲的时候，让女儿受点约束是应该的。

专家给父母的
管教课堂

美国著名儿科医生本杰明·斯巴克针对患有“厌食症”的孩子，为父母总结了一套经验，可归纳为：

1. 不要和孩子在吃饭的问题上谈条件。

2. 如果孩子已经出现了厌食症，父母要耐心对待。

3. 让孩子自己吃饭，不要喂她。

第79招

拒绝虎头蛇尾，告诉女孩做事要有始有终

父母们总是希望女孩做事情能专一、有头有尾，然而生活中，许多女孩做事却常常“虎头蛇尾”，半途而废。比如，女孩说自己对什么非常有兴趣，于是父母便送她去学，可没几天，女孩便说不喜欢了。

这两天，李女士有些烦。她送5岁的女儿欢欢到一个培训机构学电子琴。在送女儿去之前，她征求过女儿的意见。女儿也表示对电子琴很感兴趣，她在家里也时常看到女儿拿本书摆在桌子上做弹琴状。于是，她便给欢欢报了这个兴趣班。谁知，欢欢学习还没到一周，便对她说“不想学”了。这让她很为难，该不该继续送女儿学习呢？

相信你可能也遇到过和上述妈妈一样的情况。比如女孩在家里玩积木，当积木摆几次没有摆好后，就不想再玩了；女孩在家里画画，常常只画一半便不想再画了；送孩子去参加英语培训班，但孩子没学几天就不想再去了……因为女孩毕竟年龄尚小，很容易受外部的诱惑，所以做事虎头蛇尾。对此，父母千万不要唠叨个没完，或者张口就骂，动手就打，更不要讽刺、挖苦，这样做很容易使女孩产生逆反心理，以致伤害其自尊心。这时，我们应该细心观察，对于女孩产生的困难及时予以帮助，对于她的点滴进步要及时予以鼓励、表扬，使女孩产生愉悦感和自信心，从而使她树立起坚持完成任务的决心。

那么，父母该如何引导，如何为女孩“鼓劲”，才能让她养成有始有终的好习惯呢？

方法一：不断督促、不断鼓励，把勇气传递给女孩

一位父亲的育女经验是这样的：

一天，女儿忽然突发奇想地走到我面前说："爸爸，我要学滑冰，你给我买滑冰鞋吧。"于是，我就到市场上买了一双。我让女儿坐在椅子上，很认真地给她绑好了滑冰鞋："好了，站起来吧！"女儿兴奋地想站起来，可是刚一起来，却又坐在了椅子上。"怎么了？怎么不站起来？"我问她。"我怕摔倒。"女儿回答说。"没关系，站起来，慢慢往前走。"我说。终于女儿鼓起勇气，晃晃悠悠地站了起来，可是刚滑了一小步，就摔了一跤。"摔跤没什么的，不管是谁，刚开始学的时候都要摔跤，不摔跤是学不会的。来，再试一次！"我见女儿面露恐惧之色，便马上鼓励她，"不用怕，爸爸小时候也是这样学的，鼓起勇气，一会儿就学会了，继续！"女儿虽然很害怕，但还是默默地点了点头。"脚下要动起来，看着前方，别害怕。"就这样，在我一次次的鼓励下，女儿终于学会了滑冰。

当女孩做事情有半途而废的想法时，父母的鼓励可以让她重新树立起信心，把事情坚持到底，直到出色地完成。

方法二：从女孩的兴趣出发，引导其完成任务

小女孩做事往往是凭兴趣，不爱干的事情常常半途而废。只有对事情本身产生兴趣，才能激发女孩参加活动的积极性，促使女孩在活动中表现出更大的意志力。针对这样的情况，我们可以把一些事情郑重地作为一个任务交给她，比如家里喂养了小动物，要求女孩给它们喂食、让女孩去取牛奶等。久而久之，女孩就会觉得自己有了一定的责任，希望通过自己的努力把事情做好，也就逐渐养成了做事有始有终的习惯。

另外，父母可增添活动和学习内容的趣味性、生动性，如多采用游戏、比赛、表演、抢答、故事等形式，使活动过程本身就能吸引住女孩，这对女孩善始善终地做某件事能起到促进作用。

方法三：调整目标难度，让女孩循序渐进地完成

当女孩垂头丧气地从学校回来宣布“我再也不参加某某活动了”，那一定是因为在外面遇到了什么挫折。像考试不及格，体育课上的某项达标不过关，被老师当众批评之类的，你千万不能对女孩这种轻易认输的行为听之任之，更不能打击女孩的自信，说不定她会因此一辈子“抬不起头来”！

这时，作为父母一定要留心观察，帮女孩分析利弊、查找失败的原因，告诉女孩，如果她现在放弃将来的后果会怎样。另外，父母可有计划地让女孩尝试由易到难的一些训练，并帮助她完成目标。例如对那些不喜欢学习的女孩，除了要用各种方法激起她们的学习兴趣之外，还可以把学习目标降低一点难度。

专家给父母的管教课堂

如何让女孩做事有始有终呢？英国教育家伊丽莎白·哈特利·布鲁尔给父母们的建议是：

1. 协助女孩制订科学有效的计划，让她按照计划朝着目标迈进。

2. 当女孩遇到困难一筹莫展时，父母不要轻易告诉她答案，而是正确引导她找寻答案，并获得信心。

第80招

巧妙诱导，让女孩养成勤俭的好习惯

这是一个真实的、发人深省的故事：

一天，一对年轻父母带着刚上小学的女儿去逛街。在一个繁华的街口，有一位老爷爷正在卖《北京晚报》。父亲从口袋里掏出10元钱交给女儿，让她去买10份晚报。女儿买回晚报，父母跟她商量，让她按原价把晚报卖出去，看看要花多少时间才能卖完这10份晚报。女儿在父母的帮助下费了几个小时才把10份晚报卖出去。然后，父母让女儿去问卖报的老爷爷，卖出一份报纸能赚多少钱。小女孩从老爷爷那里得知，卖一份报纸只能赚几分钱。她算了一笔账，花了这么长时间才挣了几毛钱。终于，小女孩领悟了父母的良苦用心，她主动对父母说："爸爸、妈妈，我以后再也不会随便花钱了，挣钱太不容易了！"

现在很多女孩不懂得节俭，花钱大手大脚。在某所小学里，校工在校园内捡拾的物品堆满了一间屋子，大至皮夹克，小至铅笔、橡皮等学习用品。学校多次广播要求学生去认领，却没有人去。在一次家长会上，校长讲了这件事，最后只有几位父母带着孩子去认领，其他物品仍旧堆放在屋子里无人问津。

俗话说："成由勤俭败由奢。"即使一个人很富裕、很有钱，这个朴素的真理也不会过时。节俭是一个女孩的重要品质，很难想象，一个从小大手大脚、随便浪费的女孩，长大后能创造成功的事业和幸福的家庭生活。

那么，我们如何帮助女孩养成勤俭的好习惯呢？

方法一：对女孩进行“悲情教育”，培养其勤俭节约的品质

生活中，很多女孩在吃、穿、行方面攀比成风，随意浪费粮食，平常在外面吃饭，剩的饭菜要比吃的还要多。为了摆阔，她们常常点很多菜，吃不完也不打包带走……究其原因，还是父母对女孩的教育不够。如果父母在女孩的教育食粮中添加一些“悲情教育”的“养料”，就会起到意想不到的效果！

三年级小学生惠茜这几天放学回来格外乖巧，不用催促就完成了作业。吃饭时，她碗里也没有剩下一粒米，还帮奶奶把碗筷收拾了。这让父母很满意。以往惠茜吃饭特别挑食，也不会主动洗碗。汶川地震发生后，父母用灾区小朋友的处境教育小惠茜：节约用水用电，不能浪费粮食，不能乱花钱。惠茜看到电视中小朋友的状况，主动要求将自己的零花钱捐给灾区小朋友买书，并且改掉了从前浪费粮食、不懂事的毛病。

上例中，父母利用地震后各种物资短缺的现实教育女孩要勤俭节约。本来每天都在重复的话，在活生生的现实面前，女孩自己真正理解了。女孩不但明白了自己生活的幸福，感受了灾区孩子的困难，还主动省下零花钱，给灾区小朋友买书。

方法二：让女孩学会自己会做的事情自己做

父母千万不要小看扫扫地、烧烧开水、钉钉纽扣这些小事，它都能培养女孩的勤俭意识和生活能力。其次，父母要及时消除女孩的误解，及时引导女孩树立“劳动创造世界”的观念。

方法三：利用生活中的小事，培养女孩勤俭的习惯

许多女孩都认为社会进步了，时代不同了，再也不需要祖辈们那种勤俭节约过日子的方式了，甚至把勤俭意识的教育误认为“代沟”。父母应该努力改变女孩这种不良观念。勤俭节约是我们的“传家宝”，老一辈人正是靠这个“传家宝”摆脱贫困、走向富足的。现在，我们非常有必要把这个“传家宝”传给女孩。

你可以利用生活的小事，慢慢引导女孩养成勤俭的习惯，引导女孩从节省一张纸，节约一度电，帮父母扫地、擦桌子开始。这些事情虽小，但是时间长了，孩子就会慢慢养成习惯，从而养成勤俭节约的好品质。值得我们注意的是，现在很多父母舍不得让女孩受苦受累，这样是不对的。我们现在让孩子受些苦、受些累，总比她们长大后再受苦受累要好。

当然，我们还要帮女孩克服攀比心理。比钱比物只能使女孩贪图安逸，丧失勤劳朴实的品质。因此，父母要教育女孩克服攀比心理，教她比学习、比劳动、比品德。

专家给父母的
管教课堂

女孩花钱大手大脚，父母应该怎么做呢？教育专家王金战给出的建议是：

1. 让女孩帮忙做家庭理财，安排每个月的家庭支出。

2. 必要时可让孩子了解父母工作的艰辛，让她学会体谅父母，节省花销。

第81招

培养女孩知错就改的习惯

莉莉玩溜溜球的时候，不小心撞翻了妈妈的化妆瓶。“当啷——”一声，化妆瓶掉到地上，摔碎了。妈妈在厨房听到了声音，便跑过来，问莉莉是不是摔碎东西了。莉莉说“没有”，然后像个没事人一样在旁边玩着溜溜球。妈妈知道，一定是莉莉干的，于是问她：“是不是你打碎的？”“不是。”莉莉还是不肯承认。“妈妈不打你，你说是不是你打碎的？”“我都说不是我了。”莉莉死不改口。这时，妈妈真的生气了，抓起莉莉的手说：“你今天不说清楚，就别做其他事了。”僵持了一阵子，莉莉还是不说实话，妈妈忍无可忍，扬起手给了莉莉一巴掌，莉莉随之大哭起来。

上述的情景是不是也发生在你家里呢？你的女孩是不是也会像莉莉那样不肯认错？纵使你气急败坏，女孩还是不肯吱声。为什么女孩会如此倔强、执拗呢？

女孩子因为生理和心理发展不成熟，常会说错话、做错事，这是难免的。虽然这样的行为很让你生气，但孩子毕竟还小，需要的是引导而不是批评和打骂。面对女孩的不良行为，父母应学会分析原因，在了解原因的基础上给予正确的教育。

另外，父母还要明白，当女孩犯错时，不一定硬要她口头认错。女孩子口头上认不认错并不是最重要的，只要她心里明白，并且在今后行动上不再犯同样的错误，照样可以达到教育目的。

那么，我们怎样才能让女孩养成知错就改的好习惯呢？

方法一：让女孩明白为什么错了，错在哪里

千万不要以为不肯认错的女孩就不是好孩子。很多时候，女孩没有学会为做错事道歉，可能是因为她不懂得是非概念，不知道生活中什么是对的，什么是错的，为什么是错的，更不知道自己该如何改正错误。因此，女孩父母切不可对女孩动辄责备，应耐心地告诉女孩为什么错了，错在哪里。

要知道无论是大人还是小孩，认错都需要一定的勇气。女孩不敢认错，可能是害怕承担后果，我们一定要给女孩一种安全感，告诉她每个人都有犯错误的时候，只要改了就是好孩子，避免女孩因此产生畏惧感。

方法二：女孩犯错要及时帮她纠正

对懂得道歉但又频繁犯错的女孩，父母不仅要注意女孩的言语道歉，更要关注女孩改正错误的行为。

当女孩做错事时，父母应及时给予纠正，让女孩知道错误不是不可挽救的，只要改好了，就可以得到原谅。作为父母，我们千万不要在女孩做错事后，一味地批评、指责她，这样易导致女孩产生逆反心理，以后犯错时，女孩就会找借口推托。因此，如何处理女孩所犯错误的方法，比女孩犯的错误更值得父母思考。

方法三：父母应学会向女孩认错

凌薇的爸爸急着赶火车出差，出家门时不留神把花瓶碰碎了。晚上，妈妈下班回家，发现花瓶没有了，再一瞧，垃圾筒里有一堆碎片，她非常心疼，便把满肚子的气发泄到放学刚进家门的凌薇身上，训斥她做事毛糙。

凌薇很委屈，不承认自己打碎了花瓶，可主观的妈妈听见她的辩解，更是火上浇油，责骂她毁坏了东西还撒谎，一气之下，把凌薇打了一顿。于是，母女俩好几天都闷闷不乐，心里结了个大疙瘩。几天以后，爸爸出差回来，花瓶事件真相大白。凌薇的妈妈知道错怪了女儿，但她不肯向女儿道歉，反而振振有词地说："这个孩子就是粗心大意，管教没错，也给她个教训，让她长点记性。"

传统的家庭观念认为，父母向孩子道歉会丧失自己的威严，所以，不少父母为了维护自己的面子，即使做错了也不向孩子认错。研究显示，父母向孩子认错，不仅有利于家庭关系的融洽，还可以用现身说法让孩子明白每个人都有错的时候，认错不是一件丢脸的事情。由此，女孩也会养成勇于认错、知错就改的好习惯。

专家给父母的
管教课堂

心理学家李子勋认为，父母在对待犯错的孩子时，最好坚守两个原则：第一，要帮助孩子从错误中获益；第二，要教孩子自己承担责任。对此，李子勋给出了相应的教育方法：

1. 父母要在女孩认错的过程中给予鼓励和表扬，让女孩觉得即使自己做错了事，但父母仍旧爱自己。

2. 孩子犯错时，父母绝不能用言语攻击、侮辱孩子。否则她不仅意识不到自己的错误，还会对父母怀恨在心。

第82招

让女孩把运动当成一种习惯

现代脑科学证明：人体各个器官的每一块肌肉，都在大脑皮层中有着相应的“代表区”，儿童运动锻炼的早期经验越丰富，正在发育中的大脑越能得到有益的刺激。不仅如此，运动还可以强健孩子的身体。在孩子的成长过程中，如果没有强健的体魄，就无法满足日益旺盛的求知欲和学习知识的成长要求。运动能够促进女孩的身体发育，增强体质，带给孩子充沛的生命力和活泼的精神状态。由此可见，孩子在成长过程中不能缺少运动。

一所高校的体质调查研究结果表明，很多孩子的身体状况不容乐观。肺活量下降、近视、营养不良……而出现上述情况的原因只有一个——孩子们不爱运动。绝大多数孩子回家后，作业写完了，就看电视、上网，父母催活动一下，但孩子却不愿动弹。一说到锻炼，孩子就会说“没意思”、“不好玩”，而对于跑步、打球等耐力运动，她们更提不起兴趣。

蒙蒙从小到大喜静、不喜动，让她跟小伙伴一起跳皮筋，她就会说：“我不想去，我脚疼。”远远地看着别人玩还行，可自己就是不愿参与其中。平时出门在外，她喜欢爸爸妈妈抱着或者背着，喜欢坐车，稍微走一段路，她就嫌累。

是蒙蒙天生没有运动细胞吗？不是。有一次，爸爸带蒙蒙去她渴望已久的三亚玩，她在沙滩上跑了整整一天，都没有喊累，体能相当充沛。还有一次，一家三口去爬黄山，爸爸妈妈担心蒙蒙不愿意走路，准备坐缆车上山，可蒙蒙却不愿意，她竟然自己走完了全部山路。可是，回家以后，蒙蒙又开始犯懒、不愿动弹了。

“少年智则国智，少年富则国富，少年强则国强……”梁启超的名作《少年中国说》让多少国人为之振奋。然而，时至今日，孩子们越来越懒，越来越静，年纪虽小却顶起了厚厚的眼镜片，身体虽胖却伴随着营养不良……试问，连自己的身体都搞不好的少年，又怎样护国呢？最重要的是，没有好的身体，日后又怎能拥有幸福、快乐的生活呢？因此，让女孩爱上运动，养成运动的好习惯，是父母们的当务之急。

平日里，父母应为女孩安排一些有益健康的体育锻炼活动。对于不喜欢运动的女孩，父母首先要弄清原因，进而对症下药。

方法一：爸爸要成为女孩的体能教练

梅梅的爸爸是一位大学老师，非常热爱运动。每到周末，他会带着8岁的女儿去游泳、打乒乓球、打羽毛球……在这些运动中，梅梅不仅和爸爸越来越亲近，身体也越来越好。每次吃饭都要吃一大碗，感冒、发烧这些小毛病也很少找到她。最近这些天，爸爸又带着女儿去晨练，用这种方式来锻炼女儿的身体和毅力。

父亲一般都喜欢运动，在自己去锻炼健身的时候，不妨带上女孩。虽然她们吵闹、累赘了一些，但是这样做不仅可以培养父女间的感情，也可以锻炼女孩的身体，让她们更健康、少生病。有些父母总认为女孩是弱小的，担心她们的身体能力，便限制她们运动。其实这样做是不对的，让女孩适量运动，对她们的身体健康是十分有利的。

方法二：给女孩创造运动的条件

要创造条件，鼓励、支持女孩参加各种体育锻炼，以增强她身体各部位的机能和适应环境的能力，增强女孩的体质。

现代都市一般居住环境比较狭窄，女孩在家里的活动空间有限。父母应在适当的时间，给女孩安排一些户外活动，让她多跑跑、跳跳，参加一些体能锻炼。这样，既可以训练女孩敏捷的身手，又可以锻炼她的体魄和胆略。

方法三：想方设法激发女孩的运动兴趣

女孩为运动而运动总感到枯燥，父母可为她配置必要用具，增加活动的趣味性，如运动服、球类、橡皮筋。另外，由于许多独生女缺少玩伴，父母就不可避免地要充当这一角色——当女孩的玩伴，如与女儿一起拍球、传球、单腿跳等。父母与女孩一起玩，可以提高孩子的运动能力。

专家给父母的
管教课堂

教育专家孙云晓表示，运动是人的天性，它能造就女孩的健康体魄，更能提高女孩的体商（BQ）。他给出的指导意见是：

1. 让女孩养成良好的运动习惯，想方设法让她爱上运动，
2. 重视女孩的体质健康，培养一个德智体美全面发展的孩子。
3. 把运动看成孩子的天性，重视她的体育锻炼。

第83招

教女孩学会按时作息

女孩良好生活习惯的养成，往往就从按时作息开始。按时作息，不仅可以使女孩身体健康，还能让女孩有充足的精力学习。

可是在现实生活中，很多父母不注意女孩的作息时间，他们只盯着孩子的学习，对女孩什么时候起床、睡觉，不注意也不关心，完全忽略了她们的睡眠习惯的培养，致使不少女孩养成了熬夜的习惯。

为什么会有越来越多的女孩不按时作息，经常熬夜？究其原因，不外乎这样几点：学校布置的家庭作业多，父母又要求女孩学琴、练舞、练书法、绘画、写作文……使孩子不得不熬夜；父母天天晚上看电视，女孩也跟着看，直到看到“祝您晚安”；父母习惯让女孩睡前背一首诗、背诵几个外语单词、要求女儿躺在床上对一天所学习的功课“过电影”，造成孩子大脑兴奋，不能按时入睡。久而久之，这种睡眠不足的情况，既影响女儿的身体健康，又逐步形成了女孩不良的作息习惯。

作为父母，你必须记住，生长激素成长最旺盛的时间是晚上11时至半夜，超过这个时间睡觉，对女孩健康必定会产生负面影响。为了成长中的孩子的健康，父母们要注重培养女孩按时作息的习惯，保证其充足睡眠。那么，有哪些教育方法可以帮助父母改善女孩的作息习惯呢？

方法一：为女孩制定“作息时间表”

燕卓是个贪玩的女孩，于是，妈妈替她订下了一个作息时间表：

早晨6点起床，中午放学回家，吃完午饭后，做一小时功课，然后上学；下午回家，补一小时历史，再看妈妈替她预录的卡通节目，然后有半小时的自由活动时间，晚饭后可以休息一会儿或到公园散步，之后回家再温习功课，然后上床睡觉。

燕卓妈妈以为，有了这样的作息时间表，肯定对燕卓有很大的帮助。谁知实行了没几天她便发现，燕卓的生活越来越疲惫，学习效率反而降低了。明智的妈妈仔细思考了一下时间表，并针对女儿的情况进一步做了改变。原本午饭后做功课时间被调整为午睡时间，晚上的散步时间也视燕卓的需要而减少了。燕卓时间表变得更具弹性，她的学习状况开始好转。

对于慢性子、没有时间观念或者贪玩的女孩，父母们不妨为其制作一份“作息时间表”。当然，这份时间表一定要根据女孩的自身情况而定，并且父母要监督女孩的完成情况。若女孩按照时间表作息，但精神状态却不好，学习效率也没有提高，那么父母一定要重新调整女孩的作息时间。

方法二：培养女孩乐意遵守作息制度的习惯

有的父母，只是口头上要求女孩按时作息，并不严格执行。女孩晚上迟迟不睡，早上父母连喊带拉好不容易才把她叫起床，还不断地催促：“快穿衣服”，“快洗脸”，“快吃饭”。有的父母嫌孩子动作慢，干脆亲自动手，帮女孩穿衣、洗脸，久而久之，不仅没有建立良好的作息制度，还影响了女孩的自理能力。

怎样培养女孩乐意遵守作息制度的习惯呢？需要借用父母耐心、机智、灵活的教育。当女孩正在做一件有趣的事情时，如果你马上让她中断活动，去做另一件事，她会不情愿，甚至会反抗和不满。因此，父母应该提前几分钟提醒女孩准备结束活动，马上要吃饭或睡觉了。五六岁的女孩已经认识时钟了，父母可将一日作息时间表贴在墙上，让女孩自己借助闹钟按时活动，这样，更有利于培养女孩的自制力。

对年龄较小的女孩子，要以下一个活动的内容去吸引她，使女孩乐于按时进行每一项活动。如："女儿，快收拾玩具，今天妈妈给你烧了你最喜欢吃的螃蟹"，香喷喷的螃蟹吸引了孩子，女孩自然乐意把玩具收好。"女儿，快去刷牙，妈妈等着给你讲故事呢！"这些做法，都能使女孩愉快地从一个活动过渡到另一个活动。

方法三：从细处着手，提高女孩的"睡商"

为了保证女孩养成良好的作息习惯，保证女孩有足够的睡眠，父母们要注意提高女孩的睡眠质量，这可从以下几方面去做：

（1）每晚9点左右就让女儿做好睡前准备。如让女孩去阳台呼吸新鲜空气，深呼吸，刷牙洗脚，静坐一会儿使身心放松。

（2）要抑制刺激，如睡前不要看电视和电影，不看书，不要打骂训斥女孩，不要强迫女孩做不愿做的事等。

（3）入睡前不要让女孩吃夜宵，不要饮浓茶、咖啡、饮料和吃巧克力；晚饭不要吃得过饱，可以吃一些含有氨基酸的食物。

（4）要有一个舒适安静的环境，床铺要符合女孩的要求，不要亮着灯睡，可播放催眠曲，培养女孩按时上床、上床立即入睡的良好习惯。

专家给父母的
管教课堂

父母要培养女孩按时作息的习惯。教育专家王金战在这方面的教育经验是：

1. 帮助孩子制定一个作息时间表，按时遵守执行。
2. 每天必须平均保证孩子有8小时的睡眠时间。
3. 让孩子养成午休的习惯，尽量为其创造适合午睡的环境。

第十五章

智慧启迪——让女孩成为“学习达人”

如何开发女孩的左右脑呢?

如何帮助女孩建立起学习的兴趣呢?

如何引导女孩科学的复习和预习呢?

如何培养女孩的记忆力和理解力呢?

……

要知道以上问题的答案并不难,

只要走进本章,

你就会发现那些教育方法就是启迪女孩智慧的钥匙,

就是将她培养成“学习达人”的妙方。

第84招

重视女孩的左右脑开发

如果可以，你是否希望女孩能像爱因斯坦一样，拥有超群的逻辑推理能力；如果可以，你是否希望女孩像贝多芬一样，拥有惊人的艺术创作能力。一项权威研究显示，爱因斯坦、贝多芬等一些世纪伟人的共同之处在于，他们都有着非常发达的右脑。

大脑是人体中最为精密、奇妙的器官。实际上，95% 的人仅用了大脑的一半即左脑，然而右脑的存储量是左脑的一万倍，却被人们闲置了。

科学研究证明，大脑分为左半球和右半球。左半球掌管人体右侧的一切活动，左脑具有语言、概念、数字、分析、逻辑推理等功能；右半球掌管人体左侧的一切活动，右脑具有音乐、绘画、空间几何、想象、综合等功能。两个半脑功能看似各自独立，互不干扰，但其实左右脑运作并非分工进行，而是建立一种相互支援、相互协调的互补机制。

人的左右脑是不均衡发展的。绝大多数人左脑发达（其中大约一半的人比较均衡一些），而右脑使用相对较少。只有那些天才才有超强发达的右脑，比如达芬奇、爱因斯坦、居里夫人等。所以，为了让女孩更聪明，学习成绩更优秀，父母应尽早均衡开发女孩的左右脑。

女孩 6 岁之前，是开发右脑的黄金时期，父母一定要把握好这段时间。许多学校和家庭不重视孩子右脑的开发，使得 95% 的孩子仅用了大脑的一半。父母要想打破女孩左右脑开发不均衡的状态，可在日常生活中有意识地对女孩进行训练，对她的右脑实施一些特殊的教育，像学音乐、培养绘画感觉能力、干力所能及的家务、体育运动、训练空间识别能力等。

方法一：借助体育和游戏，开发女孩的大脑潜能

（1）石头剪刀布。这是开发左右脑的经典游戏。这是一种"左－右－左"大脑交替运动的游戏，分别锻炼女孩的语言、符号和判断能力。

（2）换手游戏。比如"一打四"游戏。右手大拇指和食指比划成"枪"，其他三根手指并拢在掌心；左手大拇指收拢贴近掌心，其余四指竖起，即为"四"。然后，左手迅速变"一"，右手变"四"，左右手迅速交替。

（3）左视野训练。让玩具突然出现在女孩的左侧视野，锻炼右脑的视觉反应能力。

（4）抛接豆袋。抛接时，要求孩子手眼配合，这样对左右脑是一种良好的刺激。

（5）给故事续结尾。父母为女孩讲故事时故意不讲完，让女儿续上结尾。语言归左脑管、想象归右脑管，左右开弓，有助于大脑的开发。

（6）做操。在做操时有意识地让女孩左手、右手多重复几个动作，以刺激右脑。

方法二：乐器让女孩的左右脑开发更均衡

世界上开发右脑潜能的唯一方法就是通过艺术的学习，通过学习乐器，能够充分开发一个女孩的想象力和创造力。

钢琴、小提琴、古筝等乐器，对开发女孩右脑有着关键作用。在弹奏琴键或琴弦时，需要女孩脑（思考）、手（弹奏）、眼（看谱）、脚（踏板）的全方位合作，全方位激发女孩的大脑，让右脑思维得到全面的激发。尤其是钢琴，它是属于左右手基本均衡运用的一种乐器，对于右脑的锻炼比普通乐器会更完善。

另外，父母还可以在女孩从事其他活动时，创造一个音乐背景。音乐由右脑感知，左脑并不因此受到影响，仍可独立工作，使孩子在不知不觉中锻炼了右脑。

方法三："全脑学习"，提高女孩的成绩

爱因斯坦说："我思考问题时不是用语言进行思考，而是用活动的、跳跃的形象进行思考。"今天我们推崇"全脑学习"，就是要培养女孩这种活动的、跳跃性思维。

全脑学习，顾名思义就是要让女孩平时思考问题时左右脑同时进行，活动和运动时左右并举，协同使用。在刚开始学习时，女孩运用右脑进行思维和记忆可能不习惯，但是只要坚持下去并能灵活应用，就会明显发现"全脑学习"的积极作用。

另外，父母不妨让女孩两个手轮换写字，也许有的女孩习惯用右手，不习惯使用左手，但是只要多加练习，慢慢地就可以改变过来，达到同时锻炼左右脑的目的。

专家给父母的
管教课堂

95%的孩子都只是在用左脑，导致左右脑发展不均衡。因此，教育专家孙云晓建议父母，对女孩的右脑实施一些特殊的开发训练：

1. 让女孩学习音乐、绘画等。
2. 让女孩干些力所能及的家务，以便刺激右脑。
3. 时常给女孩讲故事。
4. 让女孩多进行体育运动。

第85招

引导女孩对学习产生兴趣

现在，不少父母都会为督促女孩读书而感到烦恼，总认为她们学习不积极、欠主动。有时，更怀疑自家女孩是否天生不爱学习。事实上，女孩的学习动力是与生俱来的。相信父母仍会记起女孩在两三岁时总爱提问题，对外界事物充满好奇的情境，但为何长大后就不积极提问了呢?

其实，这和父母的教育有着莫大的关联。你不妨反思一下，自己是否有如下做法：女儿向你提问时，你没有及时把你所知道的内容告诉她？如果你没有这样做，无疑是扼杀了她的学习动机，同时，让她养成一遇到困难就放弃的习惯。当女儿要求你帮忙做某些科目的练习，如搜集或整理资料等，你会义不容辞地伸出援助之手，甚至会尽心尽力地帮她完成作业。自然，女孩就失去了难得的学习机会。当女孩专心做某项活动时，如读小说等，你是否催促她立即停止，然后做功课？如果你这样做，女孩会因此而失去一次专心投入的机会，从而令她们无论在学习、游戏还是工作上都缺乏投入感与专注力，并且对学习产生厌恶感。

由此可见，女孩对学习没兴趣，根源在于父母的教育。为了帮助女孩对学习产生兴趣，父母首先就要拆掉自己对女孩的“保护伞”，让她学着自己去学习。当然，除此之外，父母还需要掌握一些引导方法。

方法一：对女孩“讨厌”的科目，采用兴趣暗示法

淑颖特别讨厌学习英语，只要一看到那些英文字母，她就恨不得

把书本扔得远远的。妈妈得知这种情况后，就对她说：“淑颖，妈妈有一个好办法，能让你喜欢上英语！”淑颖好奇地问是什么方法，妈妈就说：“你每天只要有时间，比如洗脸刷牙的时候、走路的时候、休息之前，只要不停地在脑海中默念‘我喜欢英语，英语很有趣’，每天至少50遍，过不了多久，你就会爱上英语。”淑颖一开始不相信，可在妈妈的鼓励和支持下，决定试一试。一个月后，淑颖神奇地发现，自己不但不讨厌英语了，而且英语成绩也提高了很多，这让她对英语的学习越来越有自信了。

看！这就是兴趣暗示法的神奇魔力。不仅可以帮助女孩学习英语，在学习任何一门课或者做一件事情的时候，我们都可以引导女孩运用“兴趣暗示法”。也许一开始是假装喜欢学习，可是最后在长期的暗示下，女孩真的会爱上学习。

方法二：利用女孩的好奇心，培养学习兴趣

要激发女孩的学习兴趣，首先要培养她们的好奇心。当一个女孩对新事物接触得越多，她想知道的就会越多，这正是学习的动力。

可是，很多时候父母都不鼓励，甚至压抑女孩的好奇心。比如：有时，女孩正兴致勃勃地观察蚂蚁的行为，父母可能会催促她尽快离开去干别的事。倘若女孩没有顺从地离开，父母便生气地斥责：“看一下就够了，总是看有什么用啊？”有的女孩有问不完的“为什么”，问得多了，父母觉得厌烦，想草草地将她们打发走，“没见我正忙着呢，哪来那么多问题？”还有的父母最爱说“别动这个，别动那个；你不知道就别管了……”但女孩对很多事情都充满了好奇，越是不让她们看、不让她们管的东西，对她们的吸引力就越大。

因此，面对女孩的探究行为，父母要尽可能地提供支持。比如尽自己所知回答女孩的问题，不能回答的要坦诚地告诉女孩“我不会，等查了资料以后再告诉你吧。”或者和女孩一起去书店寻找相关的书籍，请教别人，寻找答案。除了积极应对女孩的问题之外，父母要有意识地向女孩提一些问题，让她去思考，自己去找答案。

方法三：让女孩在学习中享受到快乐

对于孩子来说，他们学习的目的不是为了获取知识，而是为了从中得到快乐。所以，我们要让女孩在学习中获得快乐，这样才能激发她们学习的兴趣。至于如何让女孩从学习中获得快乐，手段也是多样的，例如将游戏导入到学习中，和女孩进行互动，在女孩取得进步时提出表扬，开展家庭竞赛，倾听并和孩子讨论学习情况等。

专家给父母的 **管教课堂**

心理专家李中莹认为，孩子不喜欢读书、上学，最重要的原因是他们觉得没有“乐趣”。他认为最有效的方法就是在孩子的学习中加入下列“养分”：

神秘，变化快，新奇，节奏快，意想不到，比赛，挑战，可以帮助人，证明有能力，可以得到肯定。

第86招

教女孩制订学习计划

一位母亲讲述了这样一件发生在女儿身上的故事：

我女儿上初中了，聪明伶俐，不仅成绩好，还会拉小提琴，在班里是学习委员，很受老师的喜爱，是同学们羡慕的好学生。但也许是因为取得太多的荣誉了吧，我发现女儿不像以前那样努力学习了，作业做得不认真，经常出错，这次期中考试，她的成绩下降了许多。于是我就问女儿："为什么你的成绩下降了？"

女儿回答："其实那些题我都会，就是没认真做。"

我又问："那你为什么不认真呢？"

女儿想了想："反正我会了就行呗！"

我明白了，女儿因为学习成绩一直很好，产生了骄傲情绪，于是，我就问女儿："你长大了想做什么？"

女儿回答："我想成为一名政治家。"其实，我早就知道女儿想成为一名像撒切尔夫人那样的女政治家，所以，我对女儿说："如果你想成为一名出色的人，就不该放松自己，要坚持努力，至少要把眼前的事做好。你要取得好的成绩，考上重点高中，上重点大学，将来才能实现你的梦想。"

女儿马上就明白了，从此她明确了自己的目标，设计了近期规划——考上重点高中。她的学习又回到以前的状态，再也没出现过成绩下滑的情况。

所以，在引导女孩做计划的时候，既要有长期计划，又要有近期计划。长远计划可以和女孩长期的发展目标、个人理想结合起来，可以笼统一些；近期计划则要和女孩短期内的学习任务结合起来，一定要具体，不能模糊。

那么，父母具体应该怎样帮助女孩制订计划呢？

方法一：量身定做，量力而行

许多父母都喜欢拿那些成绩好的孩子来教育女孩，但要注意，这种做法一定要适可而止。因为每个孩子都有自己的实际情况，父母可以鼓励女孩多汲取别人的学习经验，但不能照搬过来。

在帮助女孩制订学习计划的时候，一定要根据她的实际情况量身定做，而不要把别的孩子的计划拿来套在自己孩子身上。只有自己尝试着去做，摸索出适合自己的方法，才是最有效的。别人告诉你的方法，最多只能起到一个参考。

制订一份学习计划也并不是很难的事，只要让女孩知道每天她该具体做些什么，知道每周、每月的安排等，做到心中有数，能够起到督促女孩学习的作用，就算是达到目的了。一份合理的学习计划的最大用处并不在于逼迫女孩把尽量多的时间花在学习上，而是帮助她保持学习节奏，使她有规律地进行学习。

方法二：做一个计划表格

有些女孩不会做计划，自律性又差，这时，我们不妨帮助女孩做一个“计划表格”。

首先列出女孩所有的学习内容，并且搞清楚哪些知识点是重点，哪些是难点；哪些科目是她的强项，哪些是她没有掌握牢固的。然后根据女孩每天业余时间的多少，做成一个时间表格。具体来说，可以做出日计划、周计划、月计划。

制订好计划之后，把它制成表格，画成图形，抄在女孩的笔记本扉页上，或者贴在她的床头，以便时时刻刻提醒和约束女孩。

方法三：对自制力差的女孩进行督促

有些女孩自制力非常差，如果没有父母的督促，她们连作业都无法写完，更不要说去执行学习计划了。对于这样的女孩，父母应该多提醒她们，并且培养她们的自制力，让她们按照学习计划去执行。

在提醒她们的时候，父母不要用批评、嘲讽、气愤的语气，而要心平气和地和她们说话。例如女孩本应在写作业的时间看电视，父母可以对她说："现在七点钟了。"尽管父母没有把"写作业"三个字说出来，但是女孩能够理解父母在催促自己，而且这样的"催促"不会引起女孩的反感。如果女孩仍然坐在电视机前没有动，父母可以过一会儿再提示她们一次："现在已经七点半了。"

对于那些提醒、催促仍然不起作用的女孩，父母可以"放任"她们两天，让她们写不完作业去挨老师的批评。有了挨批评的教训，她们就会认真地按照学习计划去执行了。

专家给父母的
管教课堂

父母如何教女孩制订学习计划呢？教育专家林格给女孩父母提出了四个步骤：

1. 最好先给女孩讲一讲该如何制订学习计划。
2. 先让女孩自己制订一个学习计划，然后由父母进行修改。
3. 监督女孩实施学习计划。
4. 不断鼓励女孩制订各种各样的学习计划。

第87招

传授给女孩科学的学习方法

学习，是一个长期的过程，许多女孩在“学”不进去，学习成绩一落千丈时，父母往往责怪女孩笨。其实，只有不学的孩子，没有愚笨的孩子；只有不会学的孩子，没有学不会的孩子。对孩子来说，最重要的不是一时的学习成绩，而是能否学会学习，掌握适合自己的有效的学习方法。

芸熙是小学一年级的孩子，第一次参加考试时，她出现过丢题的现象。妈妈就告诉她：“你要认真！”“你不能粗心！”“做完试卷要检查！”芸熙第二次参加考试还是有题目漏掉了。妈妈看到试卷，尤其是发现芸熙丢掉全是会做的题时，就更生气了，于是责备芸熙：“你为什么不认真？为什么不仔细？为什么不好好检查？”母亲的教育就此终止了，再无下文。

其实芸熙漏题有时候是因为她粗心没看见，有时候是觉得这道题有些难，她想做完试题回头再做，结果回头就忘了。可以看出，女孩学会检查试卷是解决漏题的关键，然而这个年龄的孩子还不会有独立检查的方法，而芸熙的妈妈，每次只是责怪女孩不检查，却从没有教给她具体的方法。

方法出成绩。现在有很多女孩对学习没有信心，不感兴趣，厌烦学习，学习成绩差……表面上看，是女孩没有领会知识，没有学会，实质上是由于她们不会学习，不会运用正确的学习方法，不会调控自己的心理状态和学习活动造成的。由于缺乏学习方法，越到高年级，所学知识越多，女孩就越学越难，最后导致对学习完全丧失信心，厌恶学习，逃避学习。

那么，是不是没有适合这些女孩的学习方法呢？不是。每个人都有适合自己的行之有效的学习方法，关键是父母有没有帮助女孩正确认识自己，找到适合她的学习方法。

方法一：教会女孩听课的方法

下面这些听课方法，父母可以好好地教给女孩：

(1) 多动脑。要积极思考，要边听、边看、边思考，要与教师讲课的进程保持同步，要多问几个为什么，把新旧知识联系起来思考，做到融会贯通，举一反三。

(2) 认真听。要聚精会神地听讲，充分理解老师讲课的内容及其表达方式，如节奏的快慢、声音的高低等。

(3) 注意看。要全神贯注地注视老师板书的内容，对老师用彩色粉笔标记的部分、用电化教具突出演示的部分尤其要仔细观察、认真领会和重点记忆。

(4) 善归纳。对老师课堂讲授的内容，要抓住纲目，归纳要点，力求当堂理解。

(5) 主动练。在课堂上要大胆发言，勤学多练，从而加深理解，提高听课效果。

(6) 做笔记。对老师讲课中的要点、难点都要简明扼要地写在笔记本上，以备课后复习。

方法二：指导女孩根据实际情况选择学习方法

每个女孩的具体情况不一样，因此父母需要指导女孩根据自身的特点来选择最适合自己的学习方法。

著名教育家蒙台梭利提出的一种有效的学习方法就是多感官学习法，她认为孩子在动手实践时，充分调动他们全身感官的参与，学习的效果会更好。多感官学习法要求父母要在学习的过程中帮助女孩调动各种感官，如触觉、听觉、嗅觉、视觉、味觉等，让女孩的感官充分活跃起来。

如果女孩非常讨厌学习，学习时注意力不集中，父母可以鼓励女孩使用多重感官来学习，集中她们学习的注意力，提高其学习自主性。

方法三：教女孩正确的考试方法

许多女孩平时学习状态都非常好，但是考试成绩却常常不如人意，让父母跌破眼镜。其实很多是由于女孩没有掌握正确的考试方法造成的。

因此，作为父母，应该指导女孩掌握正确的考试方法。例如考试前鼓励女孩与朋友或者亲人聊天，以缓解考试的压力；考试时应该专注于做题，不要太计较分数；动笔前应该先把试卷通看一遍，先做那些自己有把握的题目，然后再去攻克那些难题；答完题后应该仔细检查等。

专家给父母的

管教课堂

学习一定要有方法才能学到更多知识，对此，教育专家成墨初给女孩父母的建议是：

1. 帮助女孩做好学习计划，让孩子学会科学安排学习时间。
2. 培养女孩的记忆力、理解力。
3. 提高女孩收集、整理、运用信息的能力。
4. 让女孩学会运用互联网进行学习。

第88招

教女孩学会复习和预习

人的大脑对新知识的接受是需要一个过程的，如果女孩在学习前能进行预习，在学习中就比其他同学先一步找到知识归类体系，也就相应地提高了学习效率。

美国学者曾研究得出结论，即使是100个完全学会的事物，第一天只能记住60%，第二天能记住40%，第三天能记住30%，1个月后大概还能记住20%……为了不忘记学过的知识，复习是很有必要的，最好让女孩做到当天复习。由于记忆犹新，所以学习过的能记住，也可达到学习的成就感、满足感。

因此，课前预习、课上专心听讲、课后认真复习是女孩提高学习成绩的三个重要环节。那么父母可教给女儿的预习、复习方法有哪些呢?

方法一：做女孩的“军师”，教给她科学的预习方法

女孩在预习过程中肯定会遇到各种各样的一时解决不了的问题，这时，父母就需要做好孩子的“军师”，教给她一些科学的预习方法：

(1) 预习时要读、思、问、记同步进行。可先让孩子通读全文，边读边画出生字和新词语，遇到不懂的就在旁边打上问号。

(2) 刚开始预习时，可让女孩先选一两门自己学起来很费劲的学科进行预习试点，等尝到甜头取得经验后，在时间允许的条件下，再增加其他科目的预习。

(3) 预习应在当天作业做完之后再进行，切不可当天的学习任务还未完成就忙着预习，打乱了正常的学习秩序。

（4）父母还可建议女孩制作一套预习符号，比如"？"表示疑问，"【 】"表示不明白，"( )"表示不懂的词语等。

方法二：让女孩掌握复习的方法

每天女孩从学校回来都学了一些新东西，作为父母，不妨可以要求她先复习当天所学的内容，复习之后再做作业。还可以告诉女孩，每天晚上睡觉前想一想："我今天都学了什么？"然后在头脑里把这些东西过一遍。

对于低年级的女孩，父母可以用一问一答的方式让女孩回答，比如："今天的语文课都学了什么？"女孩回答后，再进一步询问。

另外，还要掌握这几种复习方法：分散复习，让女孩每次复习20分钟，中间休息之后再复习，这样孩子就不会疲劳，复习的效果也会更好；交叉复习，当女孩同时面临几门课程的复习任务时，最好采用交叉复习的方式，即这10分钟复习语文，休息后换成数学，再之后又变成别的，这样复习的好处是避免女孩产生厌倦的心理；要掌握多种复习方法，如默读、大声朗读、抄写，不断变换方式或者结合并用。

专家给父母的
管教课堂

教育专家王金战认为，父母需要科学有效地引导孩子预习和复习，具体做法归结如下：

1. 让孩子加强自我管理训练，帮助她们合理分配时间和精力。
2. 帮助她们掌握科学的预习和复习方法。
3. 教孩子合理利用大脑的兴奋规律，调到最佳状态。

第89招

培养女孩的记忆力和理解力

在实际的教育中，你的女儿是不是经常出现以下问题：

上课注意力不集中，写作业拖拉，不爱学习；

学习效率低下，成绩中游，再怎么努力进步也不大；

记忆不牢，背得慢，忘得快；

总有几科扯后腿，不辅导成绩就上不去；

理科题目不会做，总是马马虎虎；

……

每当女孩出现以上学习问题，几乎所有的父母都会埋怨自己的女儿不认真，不努力，于是开始对其进行“批评教育”，甚至暴打一顿。还有的父母给女儿报上一堆补习班，加大了孩子的课业负担，但孩子的学习毫无起色，结果女孩辛苦、父母痛苦。

现在，我们不妨先来听听女孩的心声：

“其实我也想好好学，可我注意力总不能集中，听课写作业的时候效率就是上不去。”

“理科的公式定理、英语单词、语文课文什么的我也想好好背，可是背了没多久就忘了。”

“我很羡慕人家学习好的同学，可是我努力过，成绩就是上不去，是不是我比人家笨啊？”

“付出努力，却没好结果，我已经快放弃了。”

……

由此可知，不是女孩笨，也不是她不努力，而是她的“记忆力”和“理解力”环节出了问题。那么我们如何帮助女孩提高记忆力和理解力呢？

方法一：帮助女孩掌握记忆规律和记忆方法

女孩在学习的时候，掌握一定的记忆规律和记忆方法，培养科学的记忆习惯，对于发展自己的理解力、记忆力是非常必要的。那么提高记忆力，有规律可循吗？有科学的方法可借鉴吗？答案是肯定的。但我们要让女孩根据不同的学习内容和要求，采用不同的记忆方法，以保证按时完成学习任务和提高学习质量。

一般来说，记忆法分为以下几种：

（1）抓重点记忆法。学习知识要突出重点，起到以点带面的效果。

（2）机械记忆法。就是采用单纯的反复记忆来达到巩固和掌握学习内容的目的。学习英语单词、外文字母、元素符号等，用这种方法就比较奏效。

（3）“体操式”记忆法。马克思有超常的记忆力，但其超常的记忆力也不是天生的，这与他坚持强记的习惯分不开。他从少年时代起，坚持用自己不太熟悉的外语去背诵诗歌，天长日久，他的记忆力越来越强。列夫 · 托尔斯泰称这种方法是“记忆力的体操”。

（4）理解记忆法。在看书或听课时，理论联系实际，把科学概念或定理等通过联想来帮助理解，这样就容易记住新知识。

（5）覆盖关键部分记忆法。先用纸盖住自己认为难以记住的内容，暂时不看，然后再读余下内容，想象被覆盖部分的内容，实在想不出来，才移开盖纸，如此反复几次，就可以记住了。

方法二：培养女孩的理解力，从想象力入手

父母应该加强女孩理解力的培养，在理解的基础上发挥女孩的想象力，这能够起到相互促进的作用。

一位母亲是这样做的：

女儿对画画有着极大的兴趣，每次她画画后，我总是鼓励她说出自己画的意境来。小家伙凭着她对事物的理解，加上无穷的想象力，总是把她的画面扩展成一个完整的故事。一次小家伙要我给她画一条鱼，我信手给她画了条鱼，她说："鱼不是生活在水里吗？"我只好画了几条波浪线表示水。小家伙又说："水里不是还有鳄鱼吗？"我只好又画了一条似是而非的鳄鱼。小家伙又说："鳄鱼不是喜欢吃小鱼吗，还不快跑？"我只好又把小鱼画成飞快逃命的样子。不料，小家伙又自言自语地说："小鱼是跑不过鳄鱼的，幸好前面有个洞。"我又赶快在鱼的前方画了一个洞。小家伙欢呼起来："哦，鳄鱼咬不到小鱼啦！"那欢欣雀跃的样子，像经历了一场惊心动魄的生死搏斗。

专家给父母的
管教课堂

卡尔 · 威特认为，开发孩子的记忆力和理解力应该采取一些灵活有趣的办法，而且根据"用进废退"的原理，早期教育会使孩子的记忆力和理解力发展的时间大大提前。他的经验是这样的：

1. 为了让孩子记住历史事件，他多在孩子读过之后用戏剧形式演出，这样孩子很容易就记住复杂的历史事件。

2. 为了让孩子更容易理解，他用讲故事的方法，继而用游戏的方式教。

第十六章

“问题女孩”——管女孩要趁早

你的家里是不是有这样的“问题女孩”呢：

她宁愿写日记也不愿和你交谈；

她生活自理能力很差，事事都要你帮忙；

她倔强、任性，不达目的誓不罢休；

她说谎、叛逆、敏感，让你不知如何应对；

她厌学、追星，整日吵着要减肥；

……

家有“问题女孩”不要紧，

只要父母知道怎么办就能巧妙解决。

如果现在你还不知道怎么办，

那就赶快走进这章吧！

第90招

孤僻女孩，父母应与她平等交流

笑怡是小学五年级的学生，在父母的要求下，她每天放学后要上奥数、剑桥少儿英语等各种培训班，周末还要练钢琴、学画画。她常常对别人说："我太累了，而且培训班太没意思了。"笑怡最喜欢制作轮船模型，可父母却认为这是"玩物丧志"，每次上培训班，用笑怡自己的话来说"就像上刑场一样"、"一点儿效果也没有"。

当有人问笑怡为什么不把自己心里的想法告诉父母时，笑怡说："唉，他们理解不了我的想法，我说了也白说，反而会被他们训。"

笑怡的例子并非个案。"知心姐姐"教育服务中心"倾听孩子心声"问卷调查结果显示，两万多名中小学生中，只有26.73%的人表示自己有了心里话最想告诉父母，49.56%的中小学生最想对关系好的同学、好朋友说心里话。此外，有13.84%的中小学生选择把心里话埋在心里，5.61%的孩子选择跟网友倾诉。

当女孩在成长中遇到困难或者有困惑时，最先想到的倾诉对象肯定是父母。如果家庭缺乏交流，女孩的心里话没有渠道倾诉，长期如此容易导致亲子间的隔阂。因此，父母应该平时多关心女孩的情绪和状态，积极主动地与女孩交流沟通。具体方法可参考以下几点：

方法一：父母要丰富自己的语言，扩大知识面

现在的女孩与父母年幼时的成长环境完全不一样。她们自小接受大量的外界信息，知识面比较宽，有很多东西是父母小时候闻所未闻的。如果你只会固步自封，仍然用原来受教育的模式来教育女孩，这

必然不能引起女孩的兴趣，相反，往往成了厌烦的符号。

所以，要想和女孩有"话题"，你就要丰富自己的语言，扩大知识面。

方法二：父母要注意沟通技巧，学会启发式提问

和女孩沟通时，父母一定要学会设计问题，用问话的方式来和孩子沟通，尽量不要用命令和教训的口吻。

其实，"问"是一种高级的交流形式，作为父母，我们应当尊重女孩，要知道与她们交流而不是训导。当你以平等的、像与朋友谈话的口气来与女孩交谈，并多倾听她的想法时，你们之间的交流才会顺利进行。

另外，要注意与女孩沟通的问题要具体。很多父母习惯说一些空洞的大道理，像"你可得努力学习"。这种语言在今天对孩子的教育是无效的，也是无益的，因为这些话缺乏明显的可操作性，女孩基本上把握不住。所以，你应该每次针对一个具体问题，通过和女孩平等的深层次沟通，以渐进的方式了解女孩真实的想法。

专家给父母的 管教课堂

女孩不愿意和父母交流，怎么办？著名教育专家王金战给出的建议是：

1．父母要学会和孩子做朋友。

2．父母要学会创造多元化的沟通渠道。

3．父母要学会设计启发式问题。

第91招

自理能力差的女孩，家长应大胆放手

在现实生活中，许多父母都非常重视女孩的智力教育，望女成凤心切，却往往忽视了对女孩生活自理能力的培养。例如妈妈什么家务也不让女儿干，甚至上了小学的女孩连吃饭、穿衣还由妈妈包办，结果造成她对父母、家庭的过度依赖，有些小学生连基本的生活处理能力也没有，成为家庭中所谓的“小公主”。

一般来说，造成小女孩生活自理能力差有以下几个原因：

1．家庭成员的溺爱包办。

2．女孩没有掌握自理的方法和技能。

3．缺少必要的反复练习的机会。

父母时时保护、事事包办的行为势必隔断了女孩同周围环境的接触，其结果是，女孩应当具有的自我探索性活动，变成了父母精心照料下的被支配性活动。

有些父母每天都要详细地盘问女孩班上发生的一切，从而给女孩种种“指导”，甚至在班内同哪个孩子玩，不同哪个孩子玩，都由父母决定。女孩在生活、学习中，处处靠父母的保护进行选择，靠父母的力量去参加各种社会活动，久而久之，她会丧失独立性和克服困难的意志与能力。显而易见，这对女孩未来的发展极为不利。那么如何提高女孩的生活自理能力呢?

方法一：要善于培养女孩的主动性和独立性

对于培养女孩的主动性和独立性，父母可以这样做：注意教育女孩自觉地、主动地、独立地调节自己的行为，而不是事事依靠父母的督促、管理；教育女孩明确自己活动的目的和任务，逐步培养她学会自觉地计划和检查自己的学习和活动，切不可包办代替；用抽象的道理和具体生动的事实结合起来，培养女孩的独立性。

方法二：多让女孩参加劳动，特别是服务性劳动

我们应当放手让女孩参加自我服务劳动，让她学会照料自己的生活，例如穿衣、系鞋带、梳头、洗脸、吃饭、整理书包、收拾房间等，父母尽量不要替她做。如果父母在生活方面过分关照，不仅不利于孩子独立性、自主性的发展，而且还容易使其养成懒惰、依赖等不良品质。

父母要给女孩锻炼的机会，可以让女儿经常参加一些家务劳动，如帮爸爸妈妈洗菜、购买物品、打扫卫生等，这是培养女孩生活自理能力的一种有效手段。

除此之外，父母应当鼓励女孩积极参加学校的值日和一些公益性劳动，这时，你绝不可代替女孩完成这些活动；让她参加自我服务劳动，自己动手来满足一些个人需要，这不仅能培养女孩的生活自理能力，而且还有助于使其养成尊敬长辈的良好习惯，对培养女孩的集体荣誉感、责任心也大有帮助。

专家给父母的
管教课堂

对于“孩子生活自理能力差”这个问题，英国教育家伊丽莎白·哈特利·布鲁尔给父母的建议是：

1. 鼓励她们自己穿鞋、刷牙、洗脸、收拾书包等。

2. 父母适度放手，让女孩感受到你对她的关心和帮助。

第92招

固执女孩，家长应适度婉转批评

女孩自尊心过强，倔犟、不愿妥协、喜欢说好胜的话、表现高傲、不愿听取意见、不肯认错……相信这些都是困扰家长的问题。

一般而言，小女孩到两三岁时，开始有自觉的思考意识，有自己的想法和喜好。当她们正在发展这些能力的时候，一旦遇到阻力，就会出现不服从和顶撞父母的现象。父母觉得女孩不听话了，就用处罚的方式来教导她，愈是不服，就愈要惩罚，不知不觉中就把女孩训练得更倔犟。

有一位母亲讲述了一件发生在女儿身上的事：

我女儿羽馨今年上二年级，早在她十三四个月的时候，奶奶递给她一个点心后又拿了一个准备给旁边的小朋友，羽馨以为也是给她的伸手就去接，我们都笑了，说："这个不是给你的，宝宝还要吃啊！"小家伙沉默了一下，然后大哭了起来。那是我第一次感到她自尊心很强。

一直以来，女儿都比较内向羞涩，不能批评，话说重一点儿女儿就脸红，回屋里哭，两三天情绪都缓不过来。在学校里也一样，受到表扬或者考得好的时候情绪就不错，拉着我说学校的事情；如果考得不好，尤其是不如总跟她在一起玩儿的女生好，回家就哭。而且自己在作业本上把回答错的问题，重新写上好几遍，甚至几十遍，不让她写都不行。

学校中午有营养加餐，里面有牛奶。上周的一天，羽馨的同桌把牛奶弄洒了，羽馨就把自己的牛奶给同桌喝了。营养午餐结束时，讲台上还多出一盒牛奶，班级委员就问谁还没喝牛奶？羽馨看没人认领，自己又没喝到，就走上前去拿了这盒牛奶。就在这个时候，不明就里的老师进来了，当众批评羽馨说：“那盒牛奶是今天上午没来的同学的，我们要给他留到下午喝，你怎么能随便拿同学的东西呢？”羽馨没有向老师解释，而是钻到座位下面哭了，回家以后还是哭，而且不肯上学了，我们怎么劝都没用。

心理学家曾经用气球对孩子的自尊心作了形象的比喻：“一个没有气的气球毫无价值，然而气充得太满会容易胀破；只有气充得不多也不少，才会兼具观赏性与安全性。”我们怎样才能安全地给女孩过于饱胀的自尊心“放放气”呢？

方法一：平衡对女孩的表扬与批评

教育女孩时，对于她力所能及又微不足道的日常事务，父母无须刻意表扬。因为过分表扬会让女孩放弃努力、害怕面对失败与挑战。我们表扬女孩要对事不对人，强调女孩在过程中付出的努力，而不是结果，比如说“你把卧室整理得很好，你很用心，我的女儿自立能力真强”，而不是“我的女儿真棒！”不做概括化的表扬。

批评孩子时，父母也要提供有建设性的意见，不对女孩进行贬损，并指出需要改进的具体方面，比如女孩因为比朋友考得好而沾沾自喜，你可以提醒她说：“女儿，你考得好我很为你高兴，你是一个认真努力的孩子。不过如果你考虑一下朋友的心情，相信朋友会更喜欢你。”最后，别忘记说你相信她能做好。

方法二：顾及场合，把握最佳教育时机

自尊心强的女孩会更在乎自己的表现、他人的评价，对于有伤自尊的行为反应也更激烈。因此，父母应冷静对待，注意场合，多采取单独引导、正面教育的方法。

比如，女孩在聚餐的饭桌上捣乱，妈妈可趁女孩上洗手间的机会

告诉她该怎么做，而不是当着众人的面教育她；去别人家做客，女孩玩完玩具后不及时收拾，父母可先表扬女孩的某一行为（如主动去洗手），并当女孩因受到表扬而情绪愉悦时，向女孩提出改正不及时收拾玩具的要求，这样她会比较容易接受批评。只有我们顾及场合，找准适合的教育时机，管教女孩才能取到事半功倍的效果。

专家给父母的
管教课堂

女孩自尊心过强，怎么办呢？英国教育家伊丽莎白·哈特利·布鲁尔提出了以下这些建议：

1. 探寻女孩行为背后的原因和感受，让她知道你了解那些原因和感受。

2. 接受女孩对世界的看法——她不一定要同意你的看法，你也不必同意她的看法。

3. 重视女孩的独特之处，告诉她你喜欢她哪里。

第93招

任性女孩，父母抓源头巧教育

一位母亲对亲子专家这样讲述自己的女儿：

我女儿梦洁聪明伶俐，可是有一个缺点，就是太任性。无论在幼儿园还是在家中，她都表现得非常任性。要是不依她，她就大声哭闹，不达目的不罢休。据老师反映，其他小朋友都好好地坐在教室里上课，只有梦洁忽然不见了。待老师找到她后，问她为什么要上课时间独自不声不响地离开教室，她却无所谓地说："我想挖蜗牛呀！就去啦。"和同伴一起玩的时候，还常常发生争吵，因为女儿总想按着她自己的意思玩，或者独占着大家的玩具。

有一次，女儿跟我上亲戚家去做客，她见到一只新式的气压保温瓶，感到很新奇，就玩了起来。傍晚，硬吵着要我买一个同样的保温瓶，而且今晚一定要，并以不吃饭来要挟。最后，我只得连夜赶到百货商店，买回保温瓶。女儿经常向我们提出这样那样的无理要求，而我们拿她没办法，什么都依着她。

女孩任性性格的形成不仅与自身发展水平有关，而且与父母的教育方式以及外界环境有着密切关系。如今很多家庭都是独生女，"六合一"家庭比比皆是，一家六口都把目光聚焦在"小公主"身上，事事处处依着她。这样的家庭教育环境自然会让女孩变得任性起来。

那么，有哪些方法可以改掉女孩任性的坏毛病呢？

方法一：巧妙运用“开头教育法”

父母一定要重视和抓好女孩第一次出现固执任性的教育方法。例如带女孩上街，她看见商店里漂亮的洋娃娃就哭闹，如果不给她买，她就坚决不走，并且这是女孩第一次哭闹要买东西的固执任性行为，此时父母一定要谨慎对待。如果经济条件允许，就满足女孩合理的要求，主动买给她。不要等女孩哭闹时才买，使她误解为只要哭闹，就能得到她想要的东西，这反而会助长女孩的固执任性行为。

方法二：正确运用“冷处理教育法”

让女孩冷静下来后再进行教育就是“冷处理教育法”。

其实，小女孩很会察颜观色的。当她看到父母态度坚决，自己的哭闹不起作用时，就会自动放弃自己的无理要求。这时作为父母，不妨抓住时机，对女孩进行启发教育，告诉女孩“为什么是不对的”和“怎样做才是对的”，并针对“拧”的原因提出几条具体要求。当女孩能实现这几条要求时，就要适当满足她的某种合理要求，下次她再有要求就不会对你任性了。

专家给父母的 管教课堂

面对任性女孩，英国教育家伊丽莎白 · 哈特利 · 布鲁尔给出的教育秘诀是：

1. 教女孩提出自己的合理要求。

2. 如果父母能接受女孩的情绪，那么她也会试着接受自己的情绪。

3. 允许女孩有这样那样的情绪，但不允许她以此要挟和伤害别人。

第94招

女孩说谎，父母要学会宽容和引导

英国哲学家罗素曾经说过：“孩子不诚实几乎总是恐惧的结果。”儿童心理问题专家也说：孩子说谎有种种原因，其中一个原因就是出于无奈！很多时候孩子撒谎是父母逼的！这一点可能会让很多父母感到吃惊和诧异，但事实的确如此。

有一个6岁的小女孩将妈妈刚买的模型汽车玩具弄坏了，就随手丢进垃圾桶里。

几天后，妈妈发现女儿的玩具模型汽车没有了，就随口问她：“你的玩具呢？”

小女孩说：“坏了，扔进垃圾桶里了。”

妈妈不相信自己的耳朵，立刻厉声追问了一句：“你说什么？”

小女孩一看妈妈由晴转阴的脸色，一时之间，无所适从：“不知道……”

通常情况下，女孩说谎的理由有很多。例如怕成绩不好被父母骂，担心错误被父母发现后挨打，为了得到自己想要的某件东西，等等。当然，也有很多女孩说谎是下意识的，但还没等她把真相说出来，父母的脸色就变得很难看或者打骂她一顿，所以为了下次不挨骂，她只有再次说谎，而且女孩的说谎习惯一旦形成，就不易改正。

其实，小女孩由于道德观念模糊，生活经验缺乏，极易受到成人语言的暗示，说谎也就在所难免。更何况说谎在我们身边已经相当普遍，因此尽快矫正女孩说谎非常重要。下面这些教育方法对于纠正女孩说谎的毛病有很大帮助。

方法一：找出女孩说谎的原因，巧妙引导

一位母亲这样讲述了自己的育女经验：

女儿班级举办演讲比赛，女儿要我帮她找一份演讲材料。老师的意图是：学生自愿参加，锻炼学生的胆量和口才。听取女儿的意见后，我们一起挑选了三篇优秀短文作为演讲文稿，在家里还让她预先演练了好几遍。因为女儿一向胆小，所以我很希望这次演讲比赛可以锻炼她的胆量。为此，特向女儿许诺：敢上台参加演讲比赛给予奖励，若能得到好评则给予重奖。当时女儿神情激昂地表示一定参加演讲比赛。

事后，我询问女儿演讲比赛的情况，女儿说："我举了手，老师没叫我。"而我向老师求证的事实是：举行了三场演讲比赛，我女儿都不敢举手参加。对于女儿的这次说谎，我没有重重地批评她，而是寻找了一些锻炼她胆量的方法，鼓励她大胆表达。现在女儿不但改掉了说谎的毛病，也敢积极表达自己的想法了。

小女孩说谎固然不好，但父母对女孩的要求也应该弛张有度。如果你对女孩的期望值太大，或者不根据孩子的实际情况给她压力，那女孩就会本能地以说谎来"反抗"家长的重压。

许多心理学家总结的孩子说谎的原因，概括起来有：为了免受处罚、出于无奈、为讨父母的欢心等。所以不要用批评、责骂、体罚等来纠正孩子说谎的坏毛病，而是要找出她说谎背后的原因，加以巧妙引导。

方法二：父母要树立良好的榜样

父母是女孩最早的启蒙老师，其言行举止影响着孩子的健康成长，所以要想让女孩不说谎，作为父母就尽量不要在孩子面前说谎，即使是善意的欺骗，也要杜绝。父母们要做到不论对人对事都真心诚意，孩子才能坦诚做人。

其实，对于说谎的女孩，威胁或强迫她承认谎言都不是正确的方法，父母最好能用一定的时间，冷静、严肃地与女孩沟通、交流。如果女孩承认错误，我们一定要称赞她的诚实表现，要说一些类似这样的话：“我虽然不满你做错了事，但幸好你说出了真相，我很欣赏你的诚实。”

方法三：给女孩安全感，减少她的压力

女孩爱说谎，有时是一种缺乏安全感的表现，所以作为父母，如果能够给孩子安全感，她就会变得诚实起来。

另外，父母要减少女孩的心理压力，不要对她期望过高，不要奢望她们做超出自身能力的事情，以免增加她的压力，从而导致女孩说谎。要以宽容之心对待女孩，要经常与她倾心交流，消除孩子的心理障碍，做女孩的知心朋友。

专家给父母的
管教课堂

面对“说谎”的孩子，教育专家王金战给父母的意见是：

1. 给孩子创造良好的家庭氛围，真诚、友好地与孩子沟通、交流。

2. 把自主权交还给孩子，不要对其太过严格和斥责。

3. 当孩子犯错后，父母要学会接纳和引导，不要因为孩子犯错就盲目批评。

第95招

叛逆女孩，父母要“四宜四不宜”

在一次妈妈联谊会上，一位母亲讲述了发生在自己女儿身上的事情：

我女儿晓晓上初中二年级，在班里担任中队长。晓晓以前是比较乖巧听话的，学习成绩也一直不错。可是，最近我发现她“越来越不听话”，经常好像故意跟我们“对着干”似的，而且倔犟得很，不肯认错和服输。

有一次，女儿的一位同学过生日，准备邀请几个同学一起到肯德基庆贺一番。我心里不太愿意女儿跟那几位同学交往，而且，一贯节俭的我们无法接受小孩子采用这种方式过生日，因此坚决不允许晓晓去参加。晓晓认为我对她的同学有偏见，说我“老土”，坚持要去参加同学的生日聚会。我见女儿不听劝告也很生气，威胁女儿说：“你可以去，不过，去了就别想再进这个家门。”没想到，女儿竟然说：“我就去，我再也不愿意见到你们。”

尽管女儿最后没有去参加聚会，但她一直在跟我怄气。我看在眼里，急在心里，我不明白平时听话的女儿怎么越来越不听话了。

后来，我去请教教育专家，从专家那里得知：孩子现在正处于性格逆反期，因此才会有这些表现。专家提醒我这时千万不要用父母的身份压迫女儿屈服，并教给我许多对付逆反孩子的有效措施。回家之后，我依法而施，不久，晓晓和我的关系便有了很大改善。

其实，很多女孩父母都遇到过或将要遇到这种状况，女孩为什么越大越不听话，有时候还喜欢和父母对着干？这是因为随着女孩知识的积累和生活经验的丰富，她们对人生有了懵懂的认识，因环境、个人心理因素等的影响，对周围的事情她们不能每次都做到完美无缺，进而出现烦躁、多愁善感、情绪不稳定的情况，于是将这些负面情绪发泄到父母和老师身上。

面对这样的女孩，作为父母，我们不要以种种罪名对女孩横加指责，甚至对她做出一些过激行为，如当着其他孩子的面批评她、奚落她，而是应该多和女孩交流，用理智的心态去宽容孩子、容纳孩子，探知女孩"叛逆"背后的真正原因，然后对症下药。

方法一：平等沟通，走进女孩的内心世界

许多时候，我们要站在第三者的立场分析女孩叛逆的原因。虽然很多父母觉得自己是对的，但女孩也有平等对话和被尊重的权利，而且随着年龄和阅历的增长，她已经有了自己的思维方式和处理问题的方式，所以我们应该放下架子，耐心听一听女孩自己的想法，从感情上、从具体事件上与她达成一致，做出适当的让步。

其实，当女孩因为兴趣影响学习成绩时，父母大多会粗暴地制止，但这种做法往往适得其反，会让女孩变得更加叛逆。有时，遇到这种情况，不妨换一种方式，例如不动声色地观察女孩的兴趣，了解情况，然后以平等的身份，从理解孩子的角度，和女孩坦诚交流。可在谈话过程中对女孩做些适当的提醒，做到有的放矢，当利害关系一目了然的时候，女孩也就能够接受劝告了。

方法二：尽量对女孩做到"四宜四不宜"

宜褒不宜贬。如果女孩做事时遇到困难，作为父母，你千万不要说"我看你就会说大话""我就知道你完不成任务"等等丧气话，这样会贬低女孩的信心，容易让她在今后遇到困难时就打退堂鼓。当女孩在完成任务中有了点滴进步时，你要抓住时机，适当、适度地给予鼓励、肯定和赞许。当女孩在享受成功的乐趣时，她就会信心十足、心情愉悦，自然乐于接受父母提出的要求。

宜疏不宜堵。根据女孩的理解能力和年龄特点，采取疏导的办法，效果往往比简单的禁止要好。有些事情简单的命令式禁止是没用的，只有通过说服、诱导的方法进行疏导。

宜尊不宜刺。尊重和爱护女孩是教育的前提。对于女孩逆反的问题，父母要有关爱之心，这样才能引起她的心理共鸣，激发其上进心。父母的讽刺、挖苦，只会加重她的逆反心理。

宜静不宜动。遇到女孩违反纪律，或与自己“对着干”时，父母要冷静、理智，不妨把事情先放一放、拖一拖，这有利于双方都反省自己。如果双方都在火头上，互不服气时，女儿质问父母，父母怒不可遏，甚至大动干戈，拳打脚踢，只能激化矛盾，对解决问题一点用都没有。

专家给父母的
管教课堂

面对叛逆的女孩，父母应该怎么办呢？心理学家李子勋是这样回答的：

1. 与女孩平等沟通，以朋友的平等身份与她交流。

2. 对于处于逆反心理期的孩子，要疏导，不能采用简单的命令式。

3. 对于不同的意见，需冷静一下，放一放再处理。

第96招

敏感女孩，父母教她学会坚强

一位苦恼的母亲在网上求助道：

我的女儿已六岁多了，她的性格跟一般的小女孩不太一样。她跟小区里的孩子玩不到一块儿，在幼儿园也只是跟几个好朋友玩得很好。据老师说她在学校是那种不用老师操心的孩子，一般批评不到她，不过她很敏感，批评别的小朋友时，她只要感觉到自己做得不太好也会脸红。在家里我教她背唐诗，女儿背得没有我快，她就会掉眼泪。有时我和老公无意间说到别家的孩子如何好时，她也会很不高兴，甚至还会哭，而且会说："我哪样比别人强"之类的话。还有，如果女儿在家里受到了批评，她在幼儿园里也会一天都不开心，老是想着不愉快的事。

我感觉女儿太敏感，真担心以后她经不起挫折，心理承受能力太差，为小事想不开。可我又没有什么办法来教育好孩子，我该怎么办？

其实，有些刺激大多数孩子能适应，觉得无所谓，而敏感的女孩却感觉严重。如轻微地刺一下膝关节的皮肤，她就会敏感地大哭，她看到虫子也会吓得大哭，妈妈抱别的小朋友她也会觉得伤心。如果你从敏感的女孩手中抢走一个玩具，她不是立即设法抢回来，而是倒地大哭起来。

另外，敏感的女孩在对待事情时总显得比成人要较真，她们更在乎父母、老师、伙伴对她的评价。很多时候，一件不起眼的小事，一句无足轻重的话语，可能就会使她感到莫大的委屈，而伤心不已。

尽管敏感的女孩容易哭闹，让父母觉得很头疼，但这不代表她不是幸福的孩子。有专家认为，高度敏感的小女孩，不仅容易哭而且易笑，这种孩子对他人或对动物的感情可能更敏感，而且富有观察力。那么我们如何正确引导敏感的小女孩呢?

方法一：让女孩的情绪得到宣泄

小女孩的情绪波动是正常的，我们大人也都会有这样的波动。当女孩受委屈时，如果她能够将不快宣泄出来，对孩子和父母来说都是一件好事。

有一位母亲是这样做的：

一天，我带女儿去朋友家做客。刚开始，女儿和朋友的小儿子玩得挺好，但到吃饭的时候，两个人竟然因为一个座位争吵了起来，我听到朋友的小儿子说："这是我们家，你不准坐我的位子！"女儿见争论不过，就开始大哭起来。我并没有马上去安慰女儿，而是等她情绪平静下来之后，走到她身边。这时，女儿扑到我怀里说："妈妈，小哥哥欺负我，我是客人又是女生，他不让着我！"我心平气和地对女儿说："小女生和小男生是一样的，你不能因为自己是女生，就让别人让着你。你想想，如果在我们家，别人要你最心爱的东西，你是不是会伤心。"女儿似懂非懂地点点头，然后说："那我不坐那个位子了，我和妈妈坐一起！"女儿擦干了眼泪，又继续和朋友的儿子玩了起来。

其实，只要女孩的言行不是太过分，我们都应该接受、允许她适度的哭闹，当女孩的情绪平静下来以后，我们可以让女孩把事情的来龙去脉说一遍。此时，一定要让女孩主动述说，当她提及自己的感受时，鼓励其说出为什么会有这样的感受。父母在仔细聆听后，可以心平气和地从其他人的角度设几个问题问女孩，引导她从他人的角度看问题。

方法二：建立正常的人际关系

很多时候，小女孩受到的委屈并不一定是合理的。例如，一个被溺爱和过度保护长大的女孩，她在和其他孩子交往的过程中，往往不会顾及别人的想法和意见，自然这种处事方式也不会为她赢得好感。而当女孩感受到和家人不一样的待遇时，就会觉得受委屈。再加上女孩天生就比较敏感，又比较注重伙伴关系，所以她可能会因此变得自卑、抑郁、内向，让更多的不良情绪充斥着内心。

因此，作为父母，我们应该让女孩多和其他孩子交往，在交往中她才能够建立正常的人际关系，才能处理好相互之间的关系。

专家给父母的

管教课堂

英国教育家伊丽莎白·哈特利·布鲁尔认为，面对敏感女孩，应该努力提高她的自我认知：

1. 以女孩确信的方式向她表明你爱她、喜欢她。
2. 给女孩一个情结宣泄的机会和空间，让她们发泄完再问。
3. 教女孩学会坚强，告诉她相信自己，不要联想太多。

第97招

“厌学”女孩，父母激发她的兴趣是关键

女孩在主观上对学校失去兴趣，产生厌倦情绪，并在客观上明显表现出来的行为就是厌学。一般来说，厌学情绪具体表现是孩子学习虽然用功了，但效果不佳，并且时常感到学习非常枯燥，对学习毫无兴趣；学习主动性差，一学习就觉得疲劳；有时要完成某一学习任务，需要父母用物质激励；时常幻想成功，有不明白的问题也不去弄清楚；花在电视、电脑等娱乐上的时间比学习时间多；没有明确的学习目的，不会提前做计划等。

下面这位父亲就遇到了女儿“厌学”的糟糕情况：

开学没几天，读初三的女儿在放学回家后显得沮丧，没有像往常一样做家庭作业，而是把自己一个人关在房间，半天没动静。我推门一看，女儿趴在床上似睡非睡。于是，我随口说了一句：“还不快做作业！”没想到女儿竟然对我咆哮起来：“就知道让我做作业，我再也不上学了！”

我一下子惊呆了。平时听话的女儿此时像变了个人似的，脸涨得通红，一副怒气冲冲的模样。我问女儿为什么不想上学，女儿死活不肯讲，只是不停地嘟囔。

为弄清楚女儿情绪波动的原因，第二天上午，我第一次主动给女儿的班主任打电话。通过和老师的交流得知，女儿最近的课堂表现很糟糕，语文、数学还有英语等科目学习很吃力，无法及时消化老师所讲的内容。“初二期末考试你女儿考得很不理想，个别科目在班上

还是倒数第几，家长得加强督促啊。”末了，班主任给我敲了敲“警钟”。

管教女孩学习是一件很复杂又很费神的事情。其实，一般来说，孩子厌学的常见原因有以下几点：父母不切实际的要求，或过度采用专制的手段逼迫女孩学习；要求过低或放纵，让女孩渐渐失去学习的兴趣和动力；严重的家庭问题，像经常发生纠纷的家庭、单亲家庭；女孩缺乏自信心、进取心、创新能力等，导致学习成绩不好产生厌学情绪；学校中的问题，比如学习负担过重、学校生活过于紧张、学校的纪律过于严格而刻板等；恶劣的学习环境等。因此，父母首先要查找女孩厌学的真正原因，然后可根据以下教育方法来改善女孩的厌学情绪：

方法一：激发女孩的学习动机

德国教育家第惠斯多说过：“教学的艺术不在于传授的本领，而在于激励、唤醒、鼓舞。”没错，孩子学习需要父母的激励和鼓舞，并且要父母帮助她们将个人目标同学习目标结合起来，唤醒其学习的内部动因，强化孩子学习的动力，增强她的自制力和学习自觉性，进而提高女孩的学习能力和学习效率。

一旦女孩认为学习是有必要的，并对学习感兴趣，那么她便会积极主动且心情愉快地去对待学习，而不是只把学习和上学当成一种沉重的负担。另外，父母还要让女孩在学习中感受到爱与关注以及被需要的感觉。

方法二：将学习导入游戏中

幼南今年上小学三年级，但是她最近一段时间对学习产生了厌倦感，尤其是语文，那些课文、古诗还有成语，她怎么都记不住。为了帮助女儿，爸爸妈妈想了一个好主意，就是每天晚上和女儿玩“文字”游戏。例如每天晚上爸爸妈妈都会抽出半个小时和女儿玩“成语接龙”游戏；有时妈妈会把古诗制作成一张精美的卡片，而且故意不把诗词写完，以便可以和女儿玩填字游戏。就这样，在这些“文字”游戏中，幼南不但掌握了很多成语和古诗，而且扩展了自己的知识面，对语言的兴趣也大大增加。

有时候，女孩子厌学，但她们永远都不会厌烦游戏。如果父母能够抓住女孩的这一心理特征，巧妙利用和引导，把游戏“导入”到她的学习中，那么她将会像喜欢游戏那样喜欢上学习。

专家给父母的
管教课堂

心理专家李子勋认为，父母应该多花时间和孩子讨论下面这些事情，让她明白学习的重要性：

1. 所学到的东西在生活中如何运用。
2. 那些知识在未来的人生中会有怎样的用途。
3. 关心孩子的苦乐，与她分享，给她肯定。
4. 借题让孩子发挥所学的知识，例如向她请教。

第98招

中等生女孩，父母教她高效学习的技巧

有一位母亲在一次亲子讲座上说出了自己的苦闷：

女儿的同学都管她叫“二十二号”。她的班里总共有五十个人，而每每考试，女儿都排名二十二。

我们当然不喜欢这个外号，但女儿却不以为然。老公发愁地说，一碰到公司活动，或者老同学聚会，别人都对自家的“小超人”赞不绝口，他却只能扮深沉。

有一次家族聚会，大人问孩子们的志愿是什么，别的孩子不是回答钢琴家、科学家、作家，就是飞行员、舞蹈家，只有我十二岁的女儿说：“我长大后想做妈妈，穿着哆啦A梦的围裙，在厨房里做晚餐，然后给我的孩子讲故事，领着孩子在阳台上看星星。”

亲友们面面相觑，不知道该说些什么。我和老公的神情极为尴尬。

做父母的都希望女孩学习成绩优异，但现实往往会不令人如意，就像我们看到的大多数孩子一样，她们成绩一般，都属于中等生行列。这部分孩子人数众多，可变系数大，可能随着年龄增长，有的孩子学习逐步上升，而有的孩子则很容易下滑到“差生”之列。

其实，大多数属于“中等生”的女孩，智力都不差，而且学习很努力，但她们却常常被父母和老师忽视。学习上，她们可上可下，如果父母帮一把可能“突飞猛进”，而稍不留神也会“节节败退”。

教育专家认为，面对为数众多的“中等生”群体，那些常规的提

问和重点检查，都不是最好的办法。所以，女孩父母们应该运用正确的教育方法来提高“中等生”孩子的成绩：

方法一：要增强中等生女孩的自信心

自信心对于中等生女孩非常重要，因此父母应让女孩感到她是同学中最棒的，你要告诉她之所以现在学习成绩不好，是因为学习没有用心，如果她学习用心，一定会成为同学中的强者。同时，父母要加强引导，使女孩在某一方面出类拔萃，然后“以点带面”，让女孩提高学习兴趣。

方法二：要让女孩有效利用时间，提高学习效率

其实，要想女孩成绩提升，就要让她有效利用时间，提高学习效率，同时做到劳逸结合。例如可以让女孩做半个小时作业，活动15分钟。在做作业的半个小时里，父母要监督孩子集中精力，做每一道题都要规定时间，要让孩子在规定的时间内完成作业，还要高质量地完成。另外，父母要寻找一些提高学习效率的方法提供给女孩，让她在最短的时间内最有效地学习。

专家给父母的
管教课堂

家有“中等生”怎么办呢？教育专家王金战给出的建议是：

1. 以肯定和赏识代替否定和贬低，增强孩子的自信。
2. 以表扬和鼓励代替批评和斥责，呵护孩子的自尊。
3. 以关注和热情代替放任和冷漠，使孩子能够自觉自律。
4. 以支持和引导代替训导和堵塞，培养孩子的自主意识。

第99招

吵着要减肥的女孩，父母教她合理膳食

盈盈的妈妈最近非常苦恼，她向友人这样讲述道：

在我的眼里，盈盈不胖不瘦，身材正好，只是个子矮了些，如果她个子高些就显得更好看了。可盈盈却认为自己胖，一定要减肥。盈盈的减肥行为让我感到害怕，她早晨只吃水果；中午本来就不多的盒饭又常常倒掉一大半；到了晚上，应该饿了，能多吃点了吧？可盈盈还是严格控制自己的饮食，只吃白水煮青菜。盈盈正上高一，正是身体发育期，学习任务又重，这么吃下去怎么行呢？我软硬兼施，给盈盈讲吃饭、补充营养的重要性；发脾气，强制盈盈把东西吃下去，可都不管用。一个月下来，我看到盈盈的脸色变得没有光泽，嘴上还起了水泡。我看在眼里，急在心上，真没想到女儿长到15岁，吃饭问题反倒成了我的心病。

其实，对于大多数女孩来说，“胖”是她们最忌讳的一个词。所以为了减肥，她们宁愿忍饥挨饿，也不愿身上的脂肪越来越多。有时候“胖”的确影响美观，过胖也对身体健康不好，但如果女孩盲目地追求减肥，很容易造成营养不良，严重的还会引发其他疾病。

不科学的减肥对孩子的身心伤害很大，尤其是那些本来不胖非要减肥的女孩，面对这种情况，父母要制止女孩减肥，不妨采用下面几个方法：

方法一：和正在减肥的女孩谈谈心

对于节食减肥的女孩，很多父母的第一反应就是训斥，有的父母

干脆逼着女孩吃饭。这些做法都不正确，因为你越是态度强硬，孩子越会反抗。所以，父母最好的方法是和女孩谈谈心、聊聊天，让她感受到父母的爱，从而自愿地接受父母的建议。

下面这对父母做得就很好，其他女孩父母们可以借鉴：

一天下午放学回来，女儿突然向我们说："我以后要减肥了，你们晚上不用做我的饭了。"我一听就急了："你又不胖，减什么肥？你把身体饿坏怎么办？"女儿不服气地说："我减肥不用你管。"然后背起书包就回屋了。我本来还想去和女儿争辩，但被老公阻止了。

过了两天，我们带女儿去爬山，结果女儿没走多远就累得气喘吁吁了。于是，老公拍拍女儿的肩膀说："前两天妈妈不让你节食是怕你把身体饿坏，你刚才也看见了，身体太瘦弱根本不好，连爬山都费力。爸爸妈妈不是不允许你减肥，你可以跑步、打球、游泳，还可以少吃点儿零食，但是晚餐一定要吃的，因为你需要大量的营养来长身体，我想你不希望自己长成童话中的小矮人吧？"

女儿当时没说什么，但是到晚上就开始吃晚餐了。

方法二：从小培养你的小公主正确的审美观

有一位母亲在网络日志中写道：

一天，7岁的女儿突然问我："妈妈，女孩是不是越瘦越好看呢？"当时我正在和女儿看电视剧《红楼梦》，于是便反问女儿："你看《红楼梦》中的林黛玉很瘦、很苗条，但总是病恹恹的，你认为这样好吗？"女儿想了想说："这样不好，太瘦了爱生病。"我点了点头说："对，太瘦太胖都不好，不瘦不胖才正好。"

小女孩对于"美"的概念来源于自己的父母或周围成人的影响，别人说女人瘦点美，她可能也认为那是"美"。因此，父母应从小就给女儿灌输这样一种思想：瘦不代表美，健康的女孩才是最美丽的。相信女孩有了这样的意识，就不会盲目减肥了。

方法三：减少减肥广告对女孩的影响

现如今，减肥广告充斥着人们的生活，电视、网络、广播、报刊杂志等都会出现各种各样的减肥广告，这很容易给女孩带来消极的影响。另外，一些媒体也总是鼓吹“越苗条的女孩越美丽，越瘦的女孩越受欢迎”，这也会影响到女孩的审美观。因此，父母应该让女孩对这些广告有一个清醒的认识，尽量减少它们对女孩的影响。

专家给父母的

管教课堂

如何让女孩更科学地减肥呢？教育专家王金战给出的建议是：

1. 加强体育锻炼，但要以不刺激食欲增加为度。
2. 调整女孩的膳食结构，合理安排饮食。
3. 别让孩子用节食和药物的方式进行减肥。

第100招

“追星族”女孩，父母引导并限制她的追星时间

面对孩子的追星问题，女孩父母应该引起重视，因为如果追星不当，会严重影响女孩的生活、学习或者工作。下面这些案例中的孩子就是这样：

一家心理门诊部曾接待过3名因过分崇拜港台歌星而患了追星“梦幻症”的女生。她们都是初中在校生，对港台歌星和日韩明星崇拜得不得了。花钱买了许多张歌星的影照，贴在自己的房间、床头、书桌上，一见新出版的明星海报、碟片就花钱去买。她们每天一进家门的头一件事就是打开录音机听港台歌星的歌曲，经常听到深夜，有时吃饭、走路也戴着耳机听，把看书学习做作业和其他文化活动都弃之不顾。她们一闭上眼睛就出现那些歌星的影子，甚至幻想能和歌星结婚，于是渐渐地变得失眠、头痛、烦闷，身体不适，心理也失去了平衡。

还有一个高一女孩，听了一场刘德华演唱会，被刘德华动人的歌声、潇洒的舞姿深深打动，从此就悄悄地把刘德华作为崇拜和学习的偶像。她拿出自己平时的积蓄，买了一个MP3，里面全是刘德华的歌曲，她一有空就听着、唱着、学着。电视上只要一出现刘德华的面容，她就会立即放下作业，飞奔到电视机旁；只要有刘德华主演的电影，她都想方设法去看。平时，她的言行举止也“刘化”了，还特意买了一张刘德华的照片，放在桌子前，在上面工工整整地写道：“向他学习。”到了期末考试，门门都不及格，最后只能被迫降级。

这些女孩的追星都是不理智和盲目的，当她们把大部分的时间放在追星这件事情上，学习的时间自然就缩短了。因此，父母必须好好处理女孩追星的问题。下面这些教育方法，父母们可以根据女孩的实际情况借鉴运用：

方法一：把"电器"搬离卧室

如果女孩的卧室里放有电视机、电脑等，建议父母马上将这些家用电器搬出去。科学研究表明，如果女孩的房间里有电视机、电脑等"电器"，她们会花更多时间看有她们喜欢的明星出现的节目，会花更多的时间研究她们。总之，把电视机或者电脑放在女孩卧室并非明智之举。

方法二：一定要限制女孩追星的时间

如果女孩在追星，你可以告诉她"追星是一件正常的事情，但不能影响学习"，然后告诉她"不得不适当限制时间"。

下面这位母亲是这样做的：

女儿最近因为"研究某个明星"而学习成绩下滑，一开始我允许女儿每天花两个半小时"与明星接触"，如看相关的影视节目、上网查找有关信息，甚至想办法让女儿与明星近距离接触。过一个星期，我就将女儿追星的时间降到每天两个小时。以此类推，逐步减少女儿在追星上面花的时间。一开始我没有做太严格的限制，因为我想让女儿有一个适应的过程。

专家给父母的
管教课堂

面对女孩爱追星的问题，教育专家王金战给父母们的意见是：

1. 正确看待孩子"追星"。
2. 让孩子崇拜多方面的"星"。
3. 跟孩子一起"追星"。
4. 让女孩把对明星的崇拜转化为对自己的激励。

图书在版编目（CIP）数据

三分爱七分管．养育女孩手册／穆阳著．—北京：商务印书馆国际有限公司，2011.9

ISBN 978-7-80103-784-8

Ⅰ．①三…　Ⅱ．①穆…　Ⅲ．①女性－家庭教育　Ⅳ．①G78

中国版本图书馆 CIP 数据核字 (2011) 第 125349 号

三分爱七分管：养育女孩手册

著　　者　穆　阳

责任编辑　张瑞霞

出版发行　商务印书馆国际有限公司

地　　址　北京市东城区史家胡同甲 24 号（100010）

电　　话　010 － 65592876（总编室）　010 － 65227580（编辑部）

　　　　　010 － 65598498（市场营销部）

网　　址　www.cpi1993.com

经　　销　全国新华书店

印　　刷　廊坊市佳艺印务有限公司

开　　本　710mm × 1000mm　1/16

字　　数　300 千字

印　　张　19.5

版　　次　2011 年 10 月第 1 版第 1 次印刷

书　　号　ISBN　978-7-80103-784-8

定　　价　29.80 元